마이크로비트 생활 코딩 하자 하자

마이크로비트 하자
생활 코딩 하자

초판 발행 2019년 1월 2일
재판 1쇄 발행 2020년 1월 20일

지은이 조용남 · 박성진 · 김재홍 · 이승민
펴낸이 이형세
펴낸곳 테크빌교육(주) | **주소** 서울시 강남구 연주로 551, 6층(역삼동, 프라자빌딩)
등록일 2007년 9월 27일 | **대표전화** 070-8282-0154 | **팩스** 02-3442-7793

총괄 박기현 | **편집** 김아람, 김경원, 박준영 | **디자인** 기민주 | **제작** 제이오엘앤피

홈페이지 www.alco-edu.com | **이메일** alco@tekville.com
이 책에 대한 의견이나 오탈자 및 잘못된 내용에 대한 수정 정보는 위의 이메일로 알려주시기 바랍니다.
잘못된 책은 구입처에서 교환해 드립니다.

ISBN 979-11-6346-007-7
정가 12,000원

이 책에 실린 모든 내용, 디자인, 이미지, 편집 구성의 저작권은 지은이와 테크빌교육㈜에게 있습니다.
저작권법에 의해 보호받는 저작물이므로 무단 복제 및 전재를 금합니다.

Published by Tekville Education, Inc. Printed in Korea.
Copyright 2020, Tekville Education, Inc. ALL RIGHT RESERVED.

마이크로비트 하자
생활 코딩 하자

micro:bit

조용남 · 박성진 · 김재홍 · 이승민 지음 | 테크빌교육 펴냄

이 책의 구성

모든 단원은 **프로젝트 미리보기**와 **프로젝트 준비하기**, **프로젝트 설계하기**, 그리고 각각의 프로젝트와 **프로젝트 돌아보기**로 구성되어 있어요. 메이크코드와 마이크로비트를 단계별로 배우고 생각을 발전시켜 봅시다.

프로젝트 미리보기
해당 단원을 배우기 위해 필요한 개념 설명과 생각을 여는 단계입니다.

프로젝트 준비하기
해당 단원을 배우기 위해 필요한 재료를 준비하는 단계입니다.

실습에 필요한 메이크코드 소스는 알기쉬운 코딩 홈페이지(http://study.alco-edu.com)의 [학습하기] 메뉴에서 다운로드할 수 있습니다.

이 책으로 학습을 하기위해서는 인터넷 접속이 가능한 컴퓨터와 마이크로비트(micro:bit) 교구가 필요합니다.

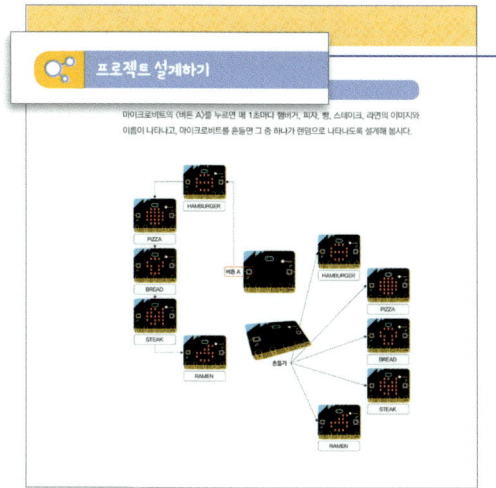

프로젝트 설계하기
프로젝트 실행에 앞서 어떤 내용과 순서를 가지고 프로젝트를 설계할지 한눈에 알아보는 단계입니다.

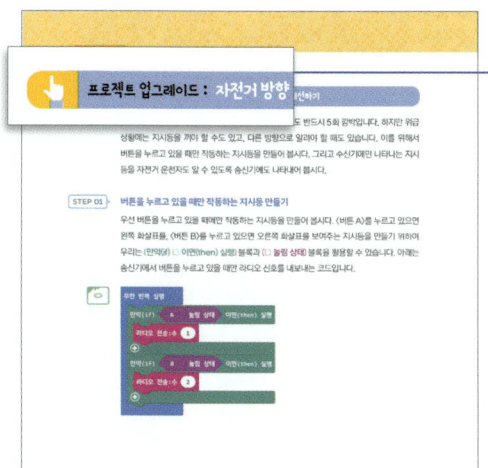

프로젝트 업그레이드
해당 프로젝트에서 한 단계 발전시켜 생각해 봅시다.

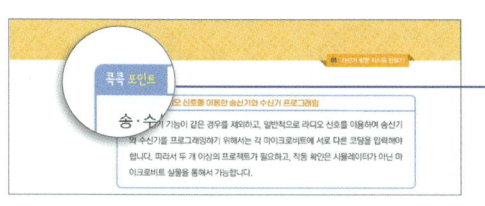

콕콕 포인트
학습 중에 도움이 될만한 팁이나 정보를 알 수 있어요.

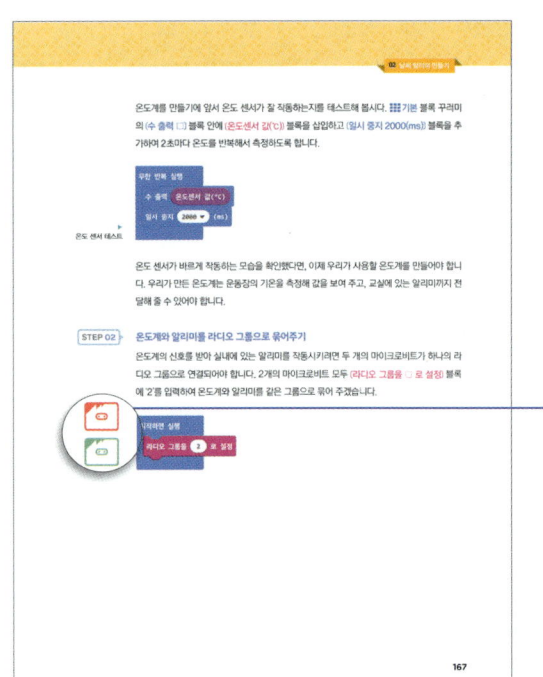

2개 이상의 마이크로비트를 사용할 때 각각의 코드블록을 서로 구분해 줍니다.

완성된 코드 확인하기

프로젝트의 최종 완성 코드를 확인할 수 있습니다.

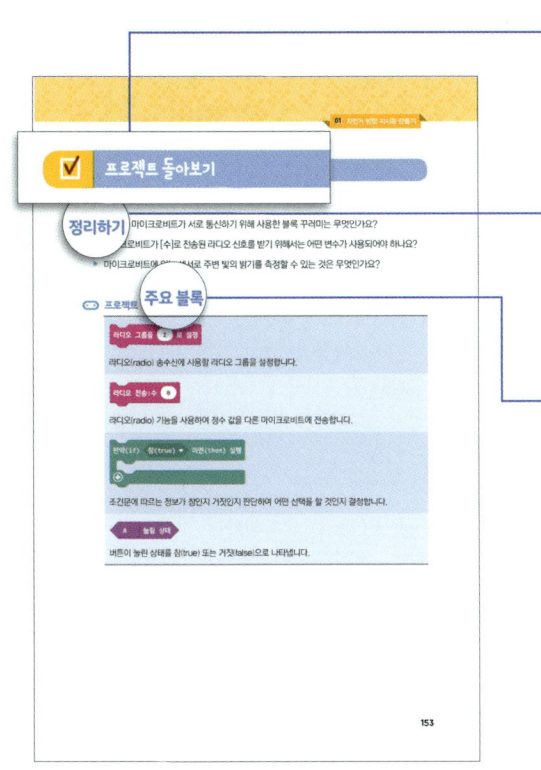

프로젝트 돌아보기
학습을 마치고 정리하는 단계입니다. 배운 것을 돌아보고 조금 더 발전할 수 있는 방향을 찾아봅시다.

정리하기
본문에서 학습한 내용을 떠올리며 한 번 더 내용을 되새겨봅시다.

주요 블록
본문에서 학습한 내용 중 새로운 블록이나 중요한 블록을 다시 알아보세요.

• 차례 •

이 책의 구성 ·· 4

START 메이크코드로 마이크로비트 만나기

01 메이크코드로 마이크로비트 만나기 ·· 12
   마이크로비트의 구조 ··· 12
   메이크코드 접속하기 ··· 14
   깜빡이는 하트 따라해 보기 ·· 17

1 빛 프로젝트

01 랜덤으로 식사 메뉴 정하기 ·· 24
   흔들어서 랜덤 메뉴 정하기 ·· 27
   업그레이드 버튼 눌러 식사 메뉴 정하기 ·· 35

02 화장실 유도등 만들기 ·· 40
   작동 스위치와 아이콘 만들기 ··· 43
   업그레이드 양을 세는 수면등 만들기 ·· 47

03 LED로 표정 나타내기 ··· 52
   감정이나 표정 만들기 ··· 55
   업그레이드 나만의 감정과 표정 만들기 ·· 61

2 소리 프로젝트

01 내가 만드는 주크박스 ·· 68
   주크박스 프로그램 만들기 ·· 70
   소리 출력 장치 연결하기 ·· 73
   업그레이드 다른 방법으로 소리 출력하기 ·· 76

02 멜로디 카드 만들기 ·· 78
   연주 프로그램 만들기 ··· 80
   업그레이드 함수를 이용하여 연주를 마무리하기 ·· 84

03 굿모닝 알람 장치 만들기 ·· 90
   굿모닝 알람 프로그램 만들기 ··· 92
   업그레이드 직접 만든 음악으로 알람 울리기 ·· 100

3 숫자 프로젝트

01 곱셈 구구 만들기 ···································· 106
　곱셈 구구 자동 2단 만들기 ···················· 108
　나머지 곱셈 구구 모두 만들기 ·············· 112
　업그레이드 곱셈 구구 퀴즈 게임 만들기 ··· 115

02 숫자 카운터 만들기 ································ 120
　오르락내리락 숫자 카운터 만들기 ········ 122
　업그레이드 만보기 만들기 ······················ 126

03 에그 타이머 만들기 ································ 130
　완숙과 반숙 선택하기 ···························· 132
　타이머 기능 만들기 ································ 136
　업그레이드 경우의 수를 추가하기 ·········· 141

4 무선 프로젝트

01 자전거 방향 지시등 만들기 ·················· 148
　리모컨 만들기 ·· 150
　지시등 만들기 ·· 152
　업그레이드 버튼을 누르는 동안만 깜빡이기 ··· 156

02 날씨 알리미 만들기 ································ 162
　온도계 만들기 ·· 164
　알리미 만들기 ·· 168
　업그레이드 최고 기온일 때 알람 울리기 ··· 172

03 학급 회의 투표 도우미 만들기 ············ 178
　투표기 만들기 ·· 180
　개표기 만들기 ·· 182
　업그레이드 퀴즈 대회 도우미 만들기 ······ 186

PART START

메이크코드로 마이크로비트 만나기

PROJECT START: 메이크코드로 마이크로비트 만나기

마이크로비트의 구조

작지만 다양한 기능을 갖고 있는 마이크로비트(micro:bit)!

마이크로비트가 어떻게 이루어져 있는지 살펴볼까요?

앞면

❶ LED 매트릭스

가로세로 각 5줄씩 총 25개의 LED로, 밝기 조절이 가능하며 영문자와 숫자를 표시할 수 있습니다.
빛의 밝기를 측정하는 광센서 역할도 합니다.

❷ A, B 버튼

게임이나 음악 재생 등을 위해 사용되는 내장 버튼입니다. 버튼에 A와 B가 표시되어 있습니다.

❸ I/O 핀

악어 클립 또는 케이블로 센서, 액추에이터, 디스플레이 등 외부 하드웨어를 연결하여 제어할 수 있습니다.

❹ 3V, GND

전동 모터 등 외부기기에 전원을 공급할 수 있습니다. 3V는 양극(⊕), GND는 음극(⊖)을 연결해야 합니다.

❺ 저전력 블루투스(BLE; Bluetooth Low Energy)

스마트폰, 노트북, 태블릿 PC 등 블루투스를 내장한 기기와 통신이 가능합니다.

❻ 마이크로 USB 포트

USB 케이블로 전원을 공급하거나 작성한 프로그램을 다운로드할 수 있습니다.

USB 케이블이 연결되면 자동으로 마이크로비트가 외부 저장소처럼 인식됩니다.

❼ 리셋 버튼

현재 저장된 프로그램을 다시 처음부터 시작할 수 있습니다.

❽ 배터리 소켓

외부 전원 및 배터리를 연결할 수 있습니다.

❾ 마이크로 컨트롤러

16KB RAM과 256KB의 플래시 메모리를 내장하고 있습니다.

뿐만 아니라 온도 센싱 기능이 포함되어 있습니다.

❿ 가속도 센서와 지자기 센서

가속도 센서와 지자기 센서로 속도 변화, 동서남북의 방향 감지가 가능합니다.

메이크코드로 마이크로비트 만나기

메이크코드 접속하기

마이크로비트는 메이크코드를 통해 손쉽게 프로그래밍을 할 수 있습니다. 메이크코드는 인터넷이 연결된 장비의 웹브라우저에서 작동합니다(Microsoft Edge 또는 Google Chrome 등 최신 웹브라우저를 권장합니다).

우선 메이크코드 홈페이지에 접속합니다. 주소는 http://makecode.com 입니다. 그리고 홈페이지 왼쪽 위의 'micro:bit' 그림을 선택합니다.

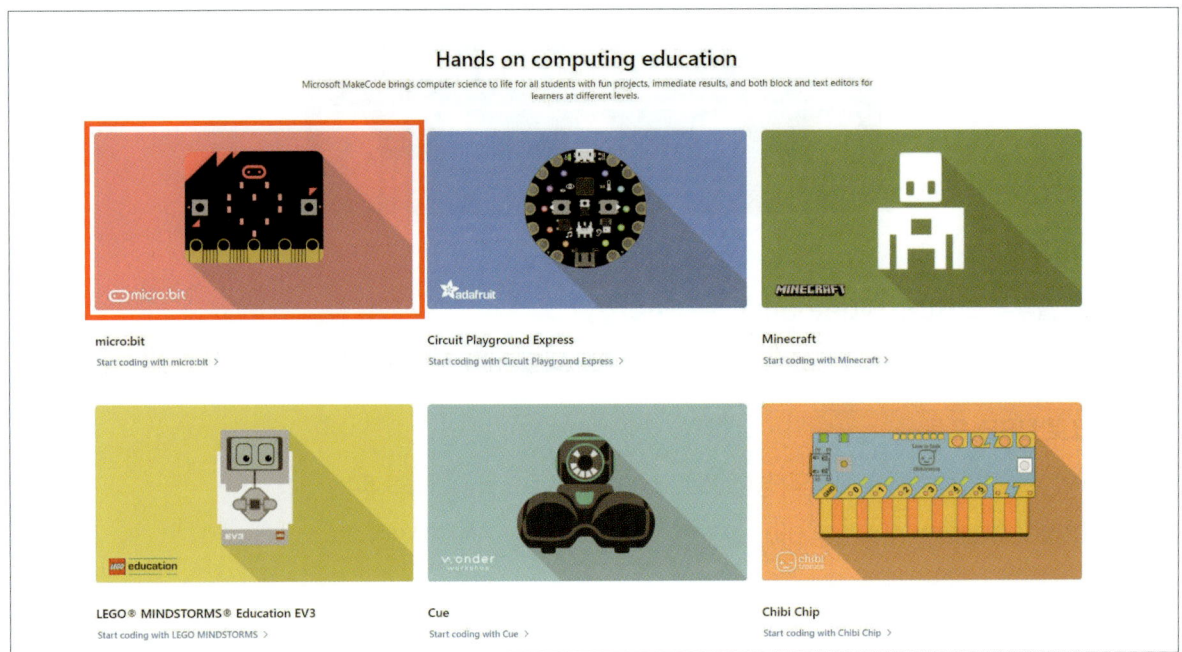

아래 화면은 마이크로비트를 프로그래밍할 수 있는 메이크코드의 처음 화면입니다. '내 프로젝트'의 '새 프로젝트' 버튼을 통해 나만의 새로운 프로그램을 만들 수 있고, '따라해 보기'의 다양한 예제를 통해 쉽게 마이크로비트를 익힐 수도 있습니다.

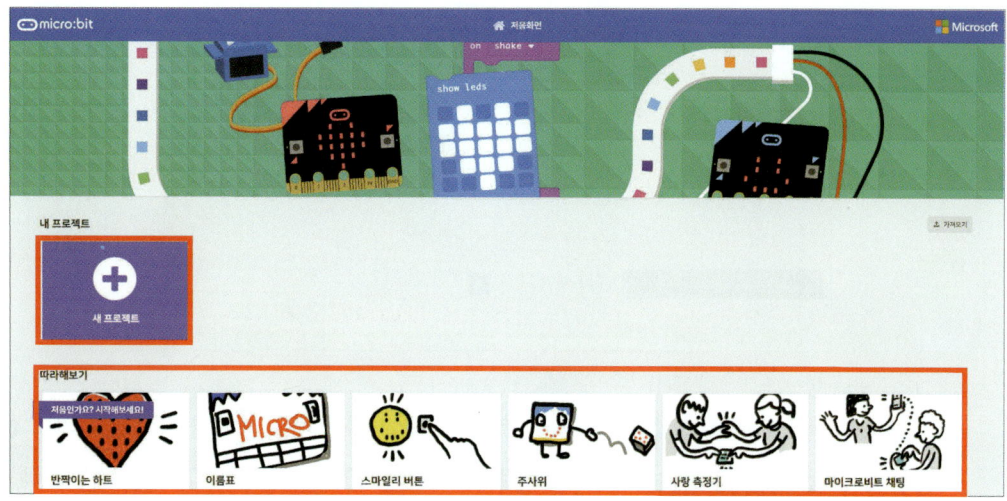

이번에는 마이크로비트의 프로그래밍 화면을 살펴봅시다. '새 프로젝트' 버튼을 누르면 아래 화면을 확인할 수 있습니다.

메이크코드로 마이크로비트 만나기

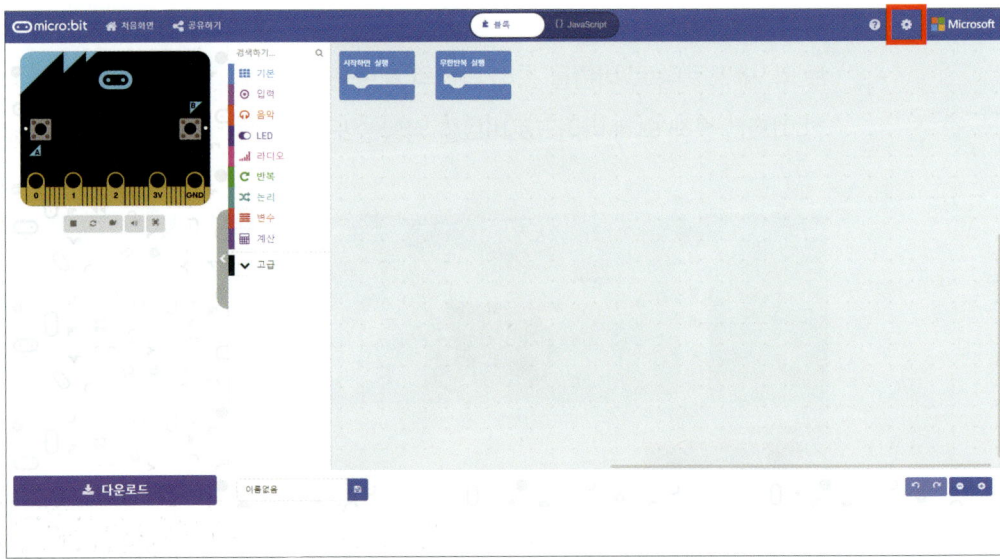

오른쪽 위를 보면 톱니바퀴처럼 생긴 설정 버튼이 있는데 여기서 한국어로 선택할 수 있습니다. 화면 왼쪽에는 마이크로비트 보드 시뮬레이터가 있습니다. 화면 가운데에는 프로그래밍 명령을 실행하는 블록들이 모인 블록 꾸러미들이 메뉴 형태로 표시되어 있습니다. 화면 오른쪽에는 블록을 조립해서 프로그래밍할 수 있는 공간이 마련되어 있습니다.

깜박이는 하트 따라해 보기

깜박이는 하트 애니메이션을 만들어 봅시다. 우선 메이크코드의 처음 화면에서 '따라해 보기'의 '깜박이는 하트' 프로젝트를 선택하세요.

이어서 화면에 안내되는 내용을 살펴보고 '확인' 버튼을 누릅니다.

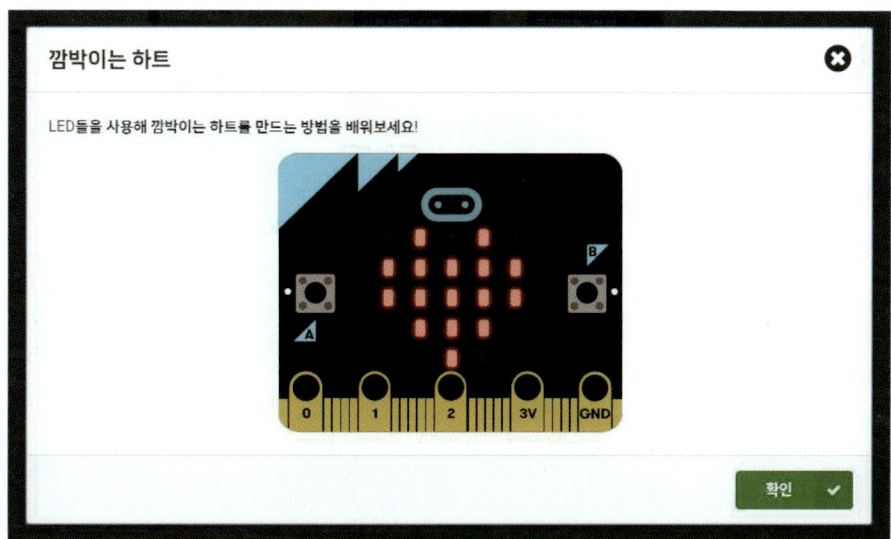

앞에서 안내된 내용과 같이 ⦙⦙⦙ 기본 블록 꾸러미에서 (LED 출력) 블록을 하나 가져와서 (무한 반복 실행) 블록 안에 아래와 같이 넣습니다.

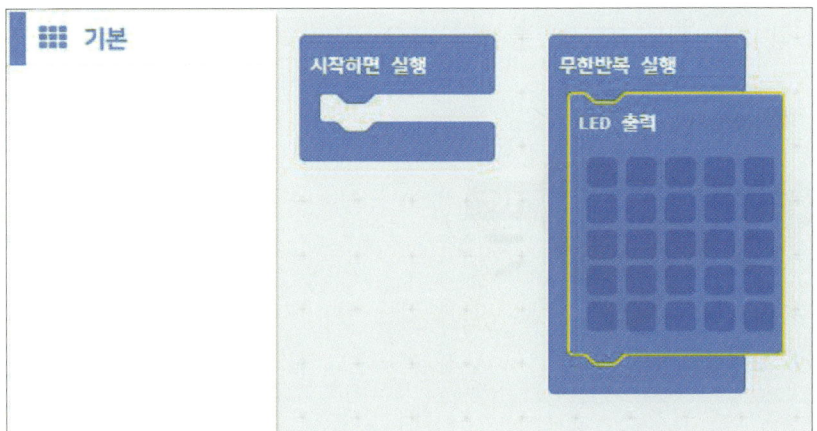

이어서 마우스를 이용하여 (LED 출력) 블록에 아래 그림과 같이 하트 모양을 그려 주세요.

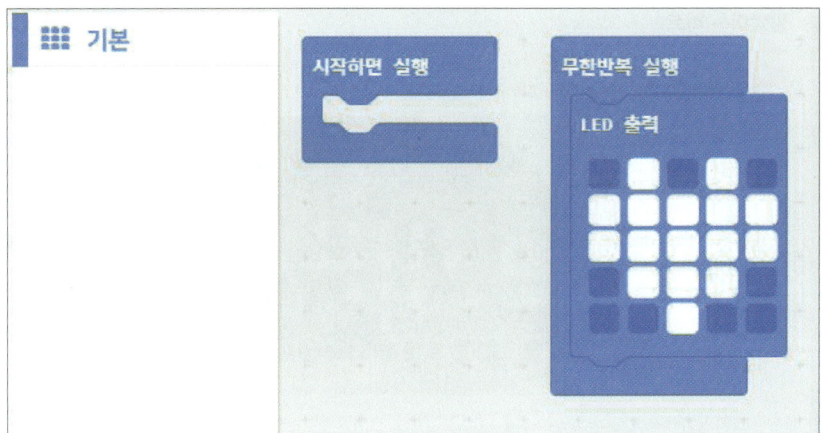

화면 오른쪽의 '다음' 버튼을 누른 후, 두 번째로 안내하는 내용을 살피고 '확인' 버튼을 누릅니다.

앞에서 안내된 내용과 같이 ▦ 기본 블록 꾸러미에서 (LED 출력) 블록을 하나 더 가져와서 (LED 출력) 블록 아래에 넣습니다.

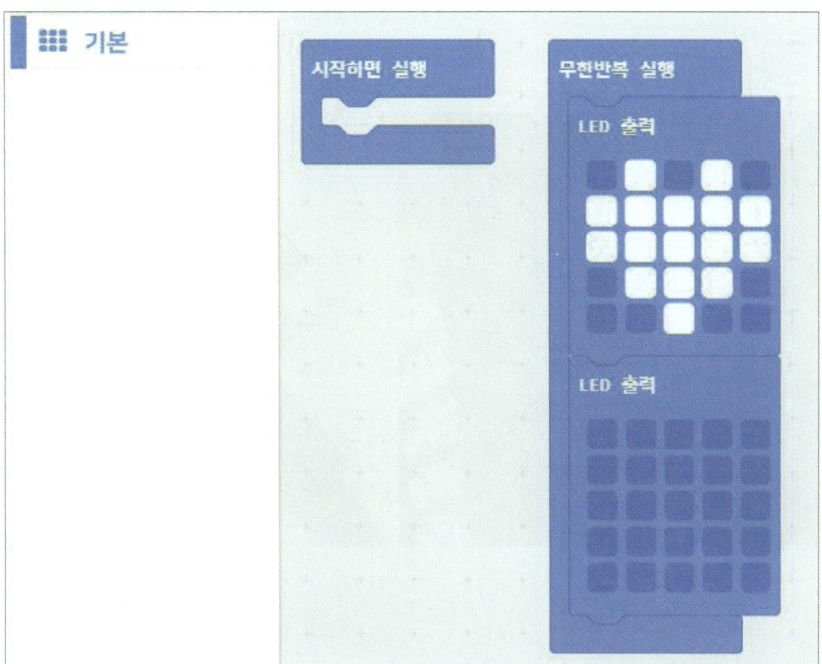

다시 한 번 화면 '다음' 버튼을 누른 후, 세 번째로 안내하는 내용을 살피고 '확인' 버튼을 누릅니다. 안내된 내용과 같이 화면의 왼쪽에 있는 마이크로비트 시뮬레이터에서 하트 그림이 깜박이는 것을 확인할 수 있습니다.

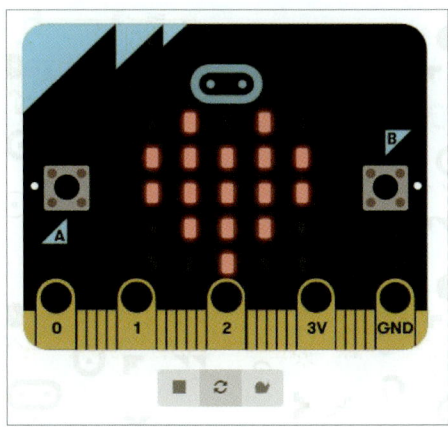

다시 한 번 '다음' 버튼을 눌러 주세요. 마지막으로 프로젝트를 다운로드 하는 방법을 확인할 수 있습니다.

마이크로비트 보드의 위쪽 연결 단자와 컴퓨터의 USB 포트를 케이블로 연결합니다. 평소에 안드로이드 휴대폰을 사용한다면 그 케이블을 이용해도 마이크로비트와 컴퓨터를 연결할 수 있습니다.

메이크코드 화면 왼쪽 아래의 '다운로드'를 누르면 방금 만든 프로젝트를 PC를 통해 마이크로비트로 옮길 수 있습니다.

⬇ 다운로드

실제 마이크로비트 보드에서 하트 그림이 깜박이는 것을 확인해 봅시다. 그리고 화면 오른쪽의 '마침' 버튼을 누릅니다. 그러면 지금까지 프로그래밍했던 프로젝트를 내 프로젝트로 저장할 수 있습니다.

콕콕 포인트 | 프로젝트를 PC에서 마이크로비트로 옮기기

메이크코드에서 다운로드 버튼을 누르면 프로젝트명.hex(*.hex) 형태로 다운로드 폴더에 저장됩니다. 저장된 파일을 외부 저장소로 인식된 마이크로비트로 드래그해서 복사해 주세요. 마이크로비트로 내려 받은 후에는 파일 제목이 사라지니 놀라지 마세요!

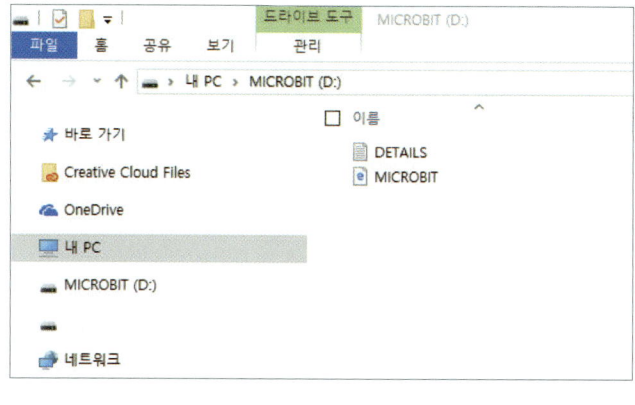

PART 1

빛 프로젝트

01 랜덤으로 식사 메뉴 정하기
02 화장실 유도등 만들기
03 LED로 표정 나타내기

1 · 빛 프로젝트

PROJECT 01 랜덤으로 식사 메뉴 정하기

프로젝트 미리보기

가족들과 외식을 하러 가면 종종 "오늘 뭐 먹고 싶어?"라는 질문을 듣곤 합니다. 어떨 때는 단번에 먹고 싶은 것이 떠오를 때가 있지요. 그러나 어떨 때는 볶음밥이 먹고 싶기도 하고, 라면이 먹고 싶기도 하고, 도통 결정은 못 하고 고민하다 골치가 아파집니다. 딱히 먹고 싶은 음식이 생각이 안 날 때도 있지요. 매콤한 것? 따끈한 국물? 아니면 밥 말고 면? 식당이나 음식점에 가서도 대부분 이런 고민에 빠집니다. 도대체 어떻게 결정하면 좋을까요? 이제 이 고민을 마이크로비트가 해결해 줄 수 있습니다. 마이크로비트를 이용하여 식사 메뉴를 정하는 프로그램을 만들어 보겠습니다.

식사 메뉴 정하기 프로그램은 마이크로비트에 식사 메뉴를 저장한 후 가속도 센서를 이용해 흔들림을 감지하여 무작위로 메뉴를 출력합니다. 우리가 고민 없이 식사 메뉴를 선택할 수 있도록 도와주는 편리한 프로그램입니다.

이 프로젝트는 마이크로비트를 흔들면 무작위로 식사 메뉴가 이미지와 문자로 출력되도록 구성하려고 합니다. 버튼을 누르면 식사 메뉴가 순서대로 표시되어 메뉴를 확인할 수도 있습니다. 이제 마이크로비트를 흔들기만 하면 식사 메뉴를 고민 없이 정할 수 있습니다.

▶ 프로젝트 완성 사진

🛠 프로젝트 준비하기

식사 메뉴 정하기 프로그램을 만들기 위해서는 1개의 마이크로비트와 건전지, 건전지 케이스를 준비합니다. 건전지가 따로 있어야 메뉴판을 들고 이동할 수 있습니다. 그리고 메뉴판으로 이용할 하드보드지나 골판지, 그리고 채색 도구를 준비합니다.

▶ 마이크로비트와 재료 모음

1. 빛 프로젝트

프로젝트 설계하기

마이크로비트의 〈버튼 A〉를 누르면 매 1초마다 햄버거, 피자, 빵, 스테이크, 라면의 이미지와 이름이 나타나고, 마이크로비트를 흔들면 그 중 하나가 랜덤으로 나타나도록 설계해 봅시다.

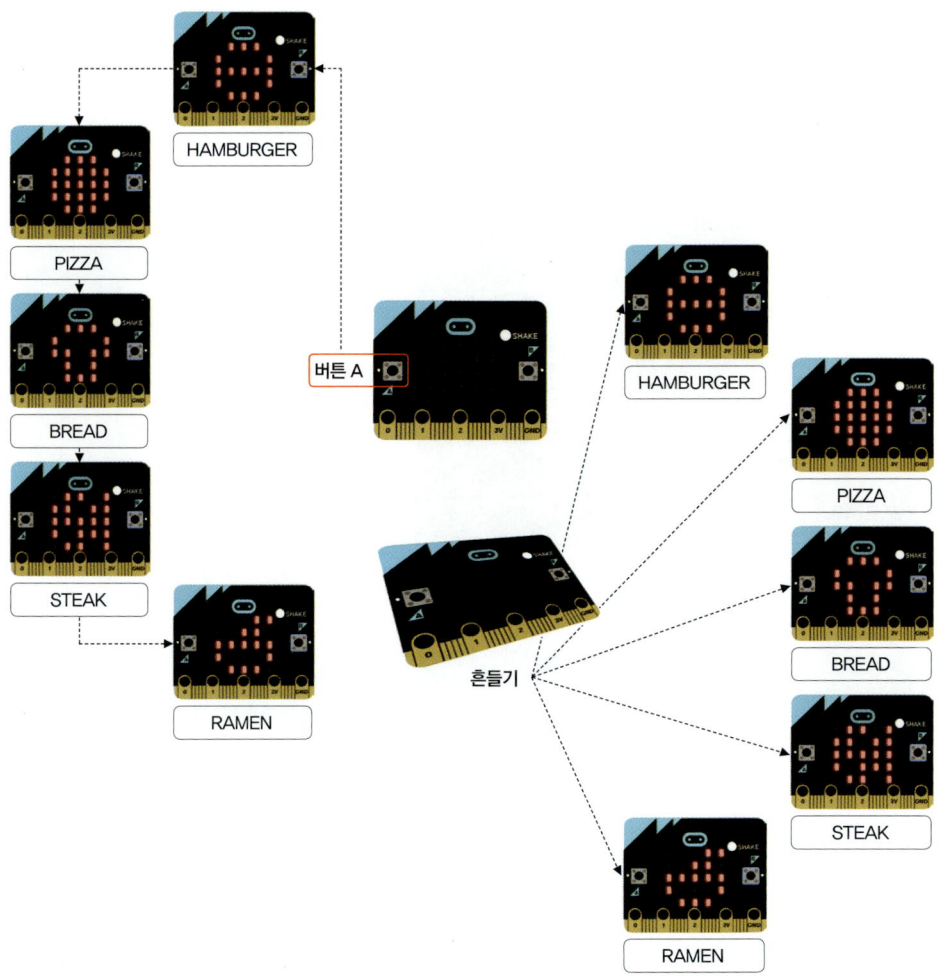

흔들어서 랜덤 메뉴 정하기

STEP 01   **시작 블록 만들기**

마이크로비트를 흔들면 마이크로비트의 가속도 센서가 움직임을 감지할 수 있습니다. 입력 블록 꾸러미의 〔□ 감지하면 실행〕 블록을 가져옵니다. 〔□ 감지하면 실행〕 블록에서 '옵션'을 누르면 나오는 메뉴에서 또 다른 여러 가지 옵션을 선택할 수 있으나 이번에는 흔들림을 그대로 사용합니다.

STEP 02   **식사 메뉴 변수 만들기**

시작 블록을 만들고 나서 ≡변수 블록 꾸러미에서 '변수 만들기'를 누르면 새 변수 이름을 정하는 입력창이 뜹니다. 입력창에 '식사 메뉴'라고 쓰고 '확인' 버튼을 누릅니다.

1. 빛 프로젝트

≡ **변수** 블록 꾸러미에서 〔□ 에 □ 저장〕 블록을 꺼내서 〔□ 감지하면 실행〕 블록 안에 끼웁니다. 〔□에 □ 저장〕 블록에서 item을 누르면 나오는 메뉴에서 '식사 메뉴'를 선택합니다. 〔**식사 메뉴에** □ **저장**〕 블록의 '0' 자리에는 ▦ **계산** 블록 꾸러미에서 〔□부터 □까지의 정수 랜덤값〕 블록을 가져와 식사 메뉴의 개수가 5개가 되도록 '0'부터 '4'를 넣습니다. 랜덤 정수 값이 0부터 시작하기 때문에 식사 메뉴의 개수가 5개가 되려면 5가 아닌 '4'를 넣어야 합니다.

STEP 03 랜덤 선택과 조건문으로 식사 메뉴 추천하기

프로젝트에 들어갈 식사 메뉴를 5개 정하려고 합니다. 오늘의 식사 메뉴는 햄버거, 피자, 빵, 스테이크, 라면으로 정하여 입력해 보겠습니다. 〔□부터 □까지의 정수 랜덤값〕 블록에서 변숫값이 0부터 시작하기 때문에 변수가 0, 1, 2, 3, 4에 대한 논리 값을 입력해 주어야 합니다.

⤧ **논리** 블록 꾸러미에서 〔만약(if) □ 이면(then) 실행〕 블록과 〔□ = □〕 블록을 꺼내서 〔만약 (if) □ 이면(then) 실행〕 블록의 '참(true)' 자리에 〔□ = □〕 블록을 넣고 ≡**변수** 블록 꾸러미에서 〔**식사 메뉴**〕 블록을 〔□ = □〕 블록의 왼쪽 0 자리에 넣어 줍니다.

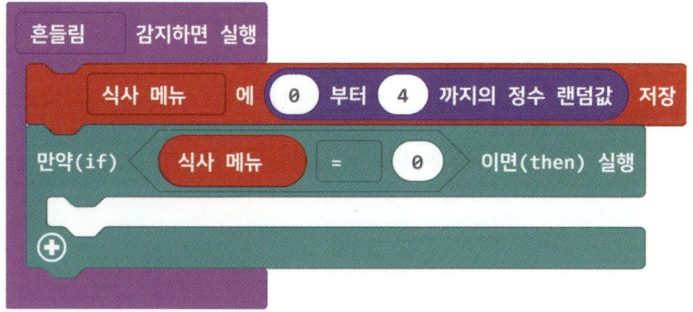

식사 메뉴 0일 때의 변숫값은 햄버거입니다. 햄버거 이미지와 문자열이 출력되도록 ▦ 기본 블록 꾸러미에서 [LED 출력] 블록과 [문자열 출력 □] 블록을 가져와 햄버거 모양의 아이콘과 'HAMBURGER' 문자를 입력하여 [만약(if) □ 이면(then) 실행] 블록 안에 넣습니다. LED 출력과 문자열 출력 사이에 1초의 시간을 주어 잠시 멈추게 하면 좀 더 알아보기 쉽습니다.

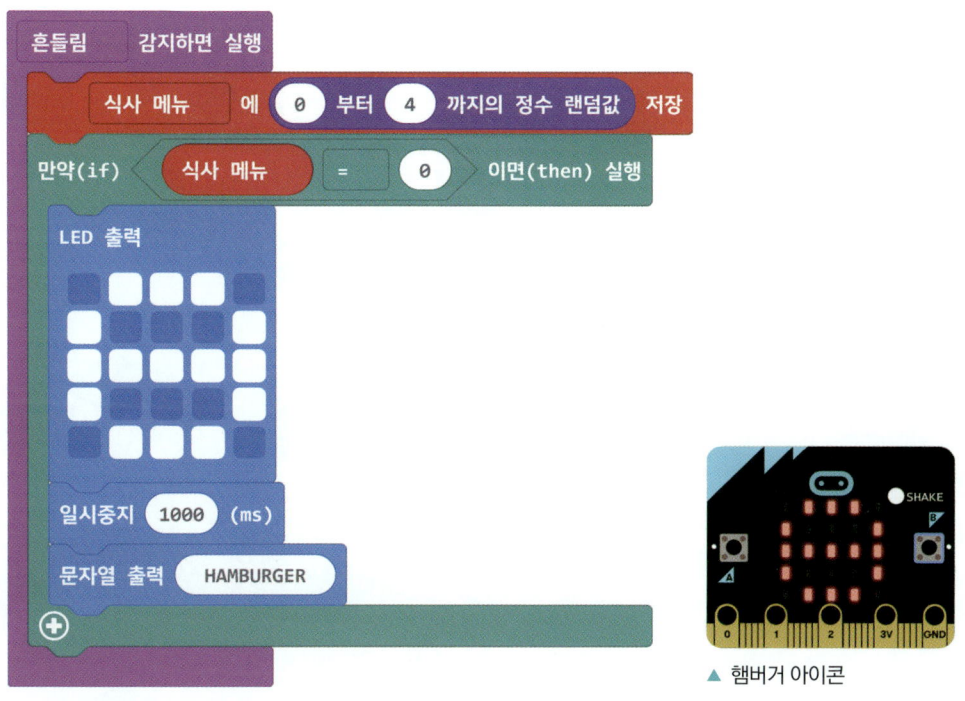

▲ 햄버거 아이콘

같은 방법으로 식사 메뉴 변숫값이 1일 때는 피자(PIZZA), 2일 때는 빵(BREAD), 3일 때는 스테이크(STEAK), 4일 때는 라면(RAMEN)이 출력되도록 아이콘과 문자열을 입력합니다.

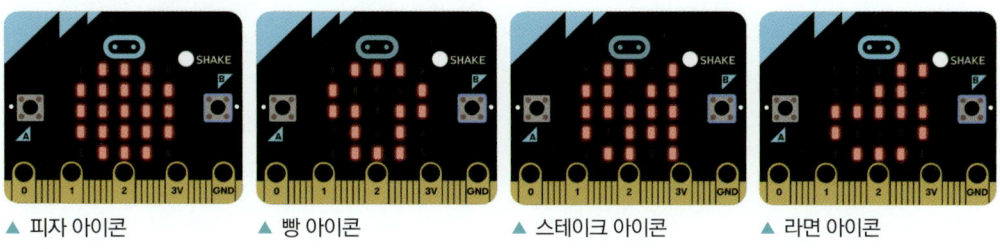

▲ 피자 아이콘　　▲ 빵 아이콘　　▲ 스테이크 아이콘　　▲ 라면 아이콘

'식사 메뉴'의 값에 따라 다른 메뉴를 추천하기 위해 조건문을 활용해 봅시다. **(만약(if) □ 이면 (then) 실행)**을 이용한 조건문은 참이면 실행문을 수행하고, 거짓이면 아무것도 수행하지 않는 기능을 합니다. 우리는 위 조건문을 이용하여 '식사 메뉴'의 값에 따라 각각 다른 메뉴가 나타나도록 알고리즘을 설계할 수 있습니다.

▶ 만약(if)→ 조건문,
이면(then)→ 실행문

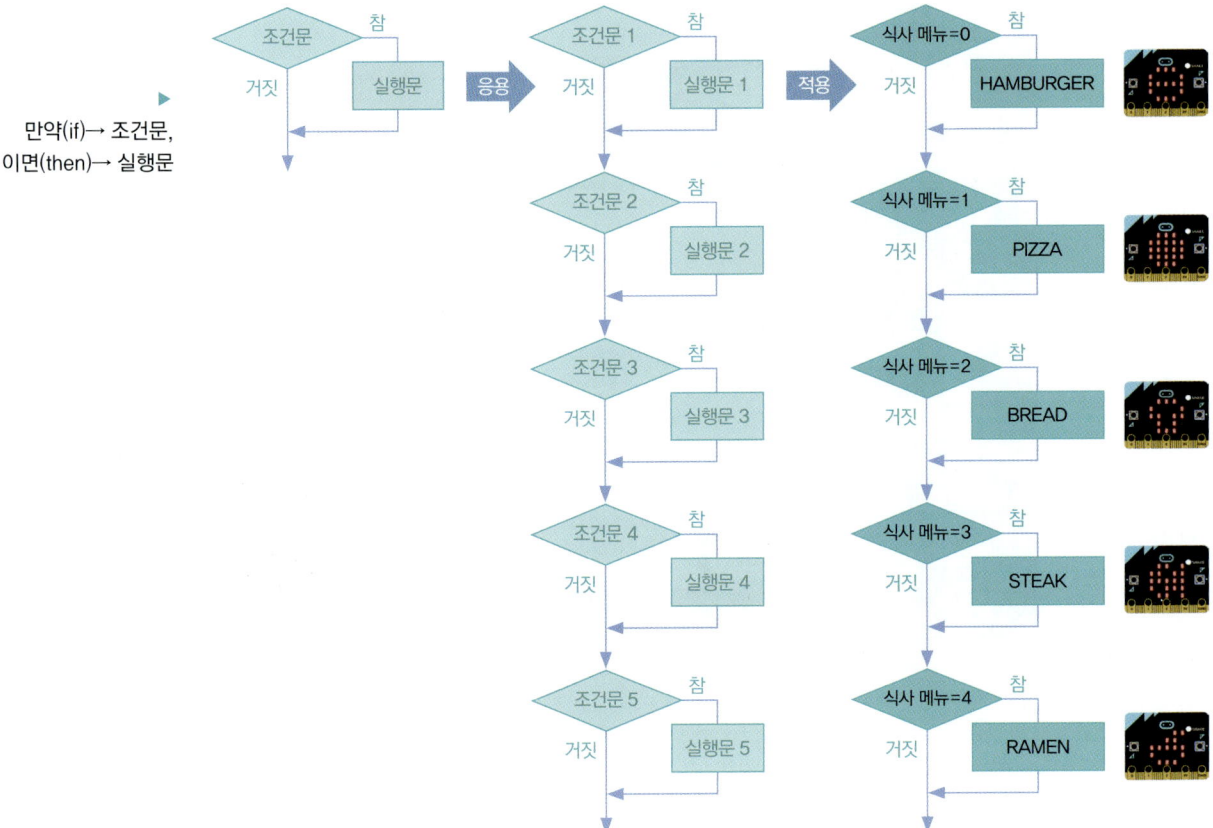

기본 코드에 위의 알고리즘을 적용하면 아래와 같이 코드를 확장시킬 수 있습니다.

```
흔들림 감지하면 실행
  식사 메뉴 에 0 부터 4 까지의 정수 랜덤값 저장
  만약(if) 식사 메뉴 = 0 이면(then) 실행
    LED 출력
    [패턴]
    일시중지 1000 (ms)
    문자열 출력 HAMBURGER
  만약(if) 식사 메뉴 = 1 이면(then) 실행
    LED 출력
    [패턴]
    일시중지 1000 (ms)
    문자열 출력 STEAK
  만약(if) 식사 메뉴 = 4 이면(then) 실행
    LED 출력
    [패턴]
    일시중지 1000 (ms)
    문자열 출력 RAMEN
```

1. 빛 프로젝트

STEP 04 순차적 실행으로 모든 식사 메뉴 나타내기

〈버튼 A〉를 누르면 아래와 같이 햄버거, 피자, 빵, 스테이크, 라면 순으로 모든 식사 메뉴가 차례대로 나오도록 만들어 봅시다.

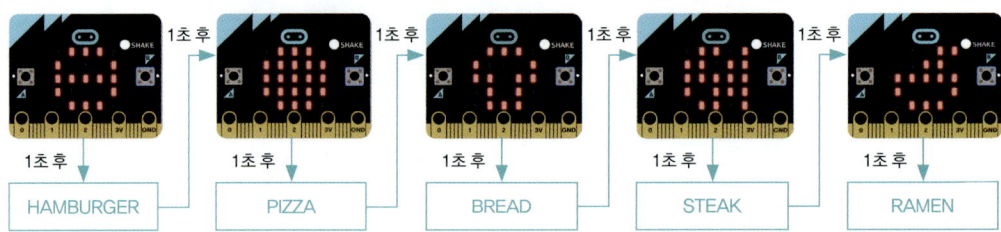

▦ 기본 블록 꾸러미의 〔LED 출력〕 블록과 〔문자열 출력 ▢〕 블록을 이용하여 메뉴의 이미지와 이름을 표시해 보세요. 앞 부분에서와 같이 그 사이에 〔일시 중지 ▢(ms)〕 블록을 활용하여 1초씩 여유를 줍니다.

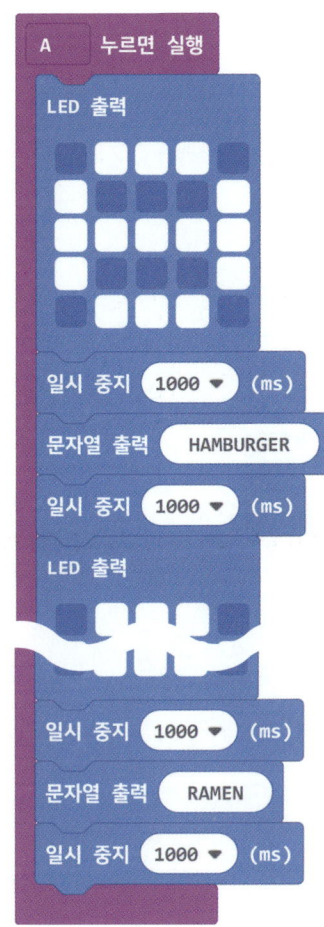

> **콕콕 포인트 ms(밀리세컨드)**
>
> 프로그래밍을 하다 보면 종종 ms(millisecond, 밀리세컨드)란 용어를 접할 수 있습니다. 밀리세컨드(millisecond)는 시(hour), 분(minute), 초(second)와 같이 시간을 나타내는 단위입니다. 실제 1ms는 1,000분의 1초를 의미합니다.
>
> 1ms = 0.001초   10ms = 0.01초   100ms = 0.1초   1000ms = 1초

1. 빛 프로젝트

| STEP 05 | 완성된 코드 확인하기 |

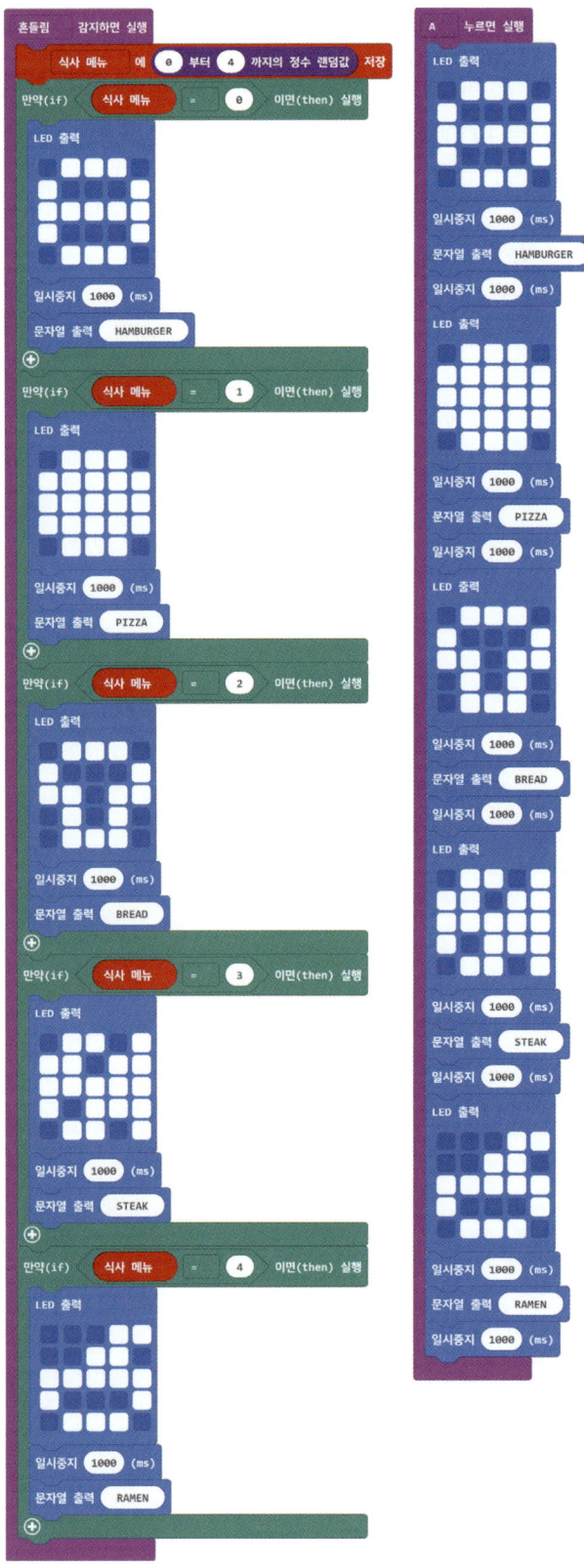

프로젝트 업그레이드 : 버튼 눌러 식사 메뉴 정하기

〈버튼 A〉를 누르면 식사 메뉴 정하기, 〈버튼 B〉를 누르면 디저트 메뉴 정하기, 〈버튼 A〉와 〈버튼 B〉를 동시에 누르면 처음 화면으로 돌아가도록 만들어 봅시다.

STEP 01 〈버튼 A〉 눌러 식사 메뉴 정하기

버튼을 눌러 실행시키려면 어떤 것을 시작 블록으로 가져오면 될지 생각해 봅시다. 〔□ **감지하면 실행**〕 블록 대신에 〔□ **누르면 실행**〕 블록을 가져와 식사 메뉴 정하기 블록을 완성합니다.

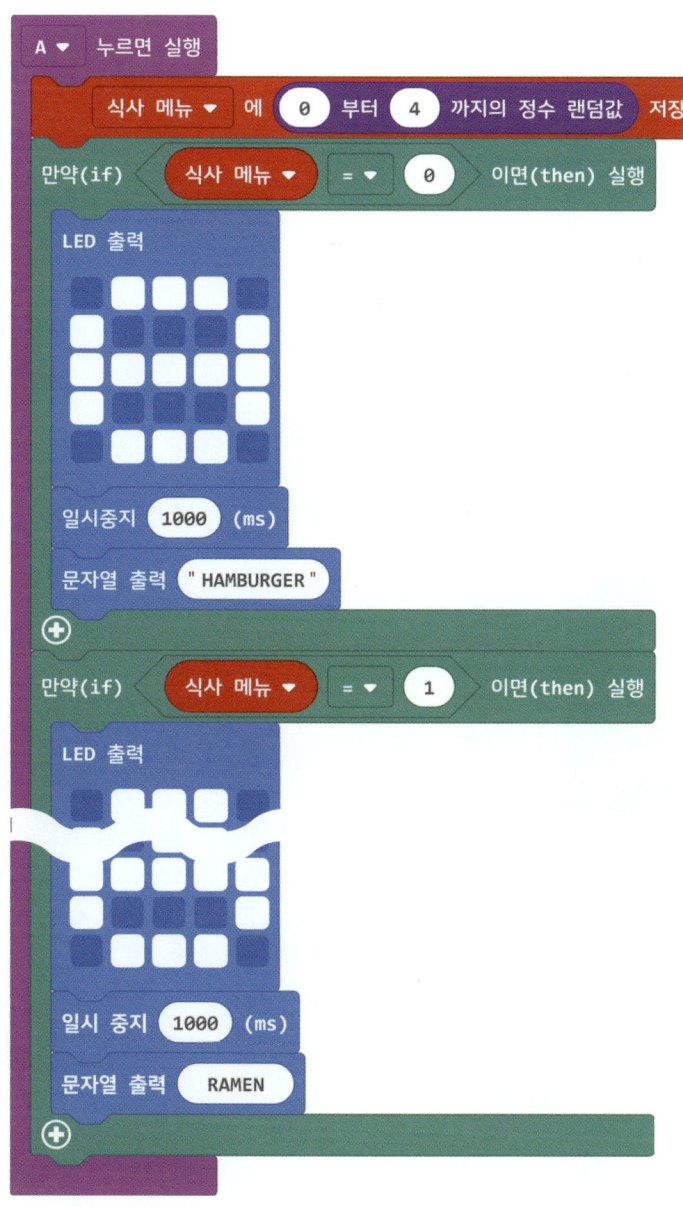

1. 빛 프로젝트

STEP 02 〈버튼 B〉눌러 디저트 메뉴 정하기

〈버튼 B〉를 눌러서 디저트 메뉴를 정하려면 먼저 ≡변수 블록 꾸러미에서 '변수 만들기'를 눌러 새 변수를 '디저트 메뉴'로 합니다. 디저트 메뉴의 가짓수는 본인이 원하는 만큼 해도 됩니다. 여기서는 우유(MILK)와 아이스크림(ICECREAM) 2가지로 정하여 블록을 만들어 봅시다.

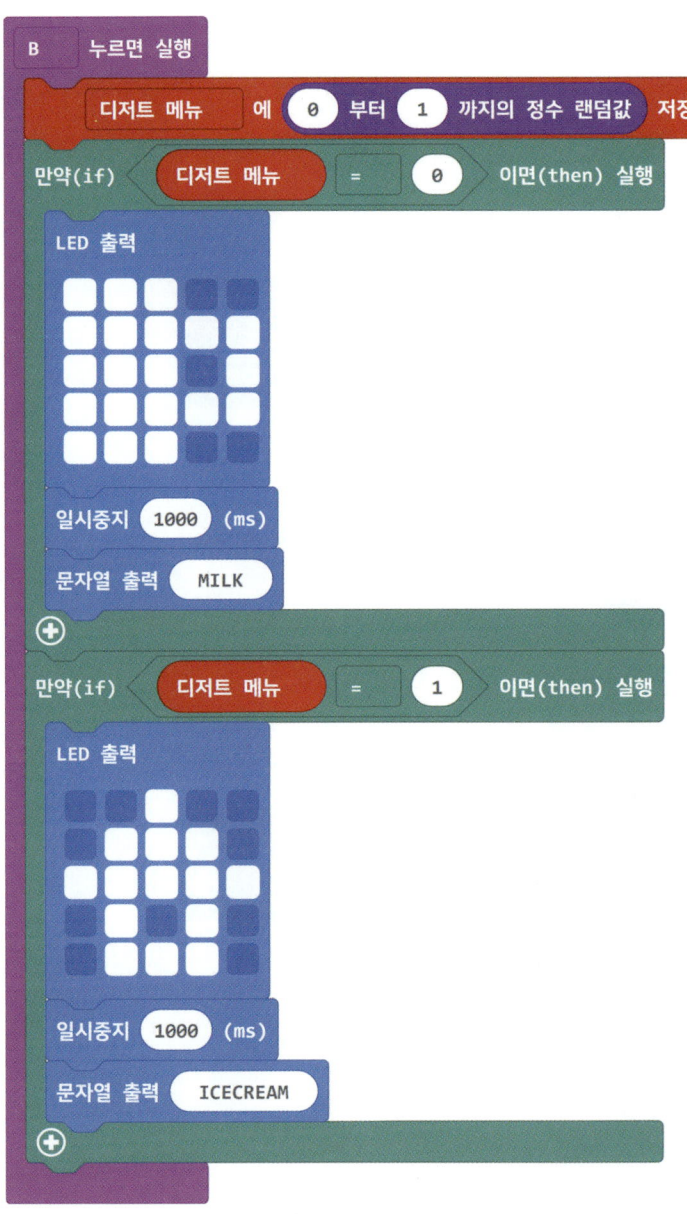

01 랜덤으로 식사 메뉴 정하기

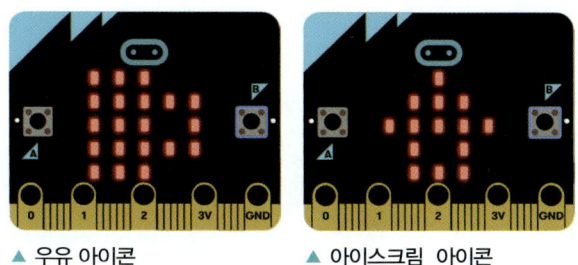

▲ 우유 아이콘   ▲ 아이스크림 아이콘

STEP 03 **메뉴 초기화하기**

〈버튼 A〉와 〈버튼 B〉를 동시에 눌러서 메뉴를 초기화하려면 필요한 블록은 무엇일까요?
바로 ⋮⋮⋮ 기본 아래 ⋯더 보기 블록 꾸러미에 숨어 있는 (LED 스크린 지우기) 블록입니다.

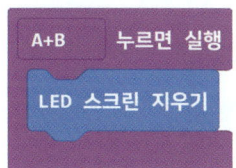

1. 빛 프로젝트

STEP 04 완성된 코드 확인하기

✅ 프로젝트 돌아보기

정리하기

▶ 움직임을 감지하면 실행시키는 명령 블록은 마이크로비트의 어떤 센서를 이용한 것일까요?

▶ 식사 메뉴의 가짓수만큼 랜덤으로 변수를 정하기 위하여 사용한 블록은 어떤 것일까요?

▶ LED 스크린에 식사 메뉴 아이콘을 나타내기 위하여 사용한 블록은 무엇인가요?

프로젝트 주요 블록

이벤트 핸들러(어떤 버튼이 눌린 것과 같은 이벤트가 발생했을 때, 실행되는 작은 프로그램)를 실행합니다. 이 이벤트 핸들러는 움직임을 감지하면 실행됩니다.

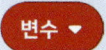

변수는 데이터 값을 담아두는 상자의 역할을 합니다.

랜덤으로 수(정수)를 뽑아냅니다. 0부터 원하는 최댓값 이하의 수 범위에서 뽑아냅니다.

1 · 빛 프로젝트

PROJECT 02 화장실 유도등 만들기

🔍 프로젝트 미리보기

불이 꺼진 어두운 영화관 안에서도 밝게 빛나는 비상구 표시등을 본 적이 있나요? 이것을 우리는 유도등이라고 합니다. 영화관뿐만 아니라 건물이나 병원, 지상의 비행기 활주로 등 밝게 빛나는 유도등은 일반적인 출구 안내와 함께 화재 및 재난 상황에서도 우리의 생명을 구할 수 있도록 탈출이나 이동 경로를 알려주는 유용한 안내가 될 수 있습니다. 이번 시간에는 마이크로비트를 이용하여 화장실 유도등을 표시하겠습니다.

화장실 유도등 만들기 프로그램은 마이크로비트에 내장된 빛 센서를 활용하여 방안의 불이 꺼지면 작동되는 프로그램입니다. 어두운 방 속에서 방 형광등 스위치, 화장실의 위치를 우리가 쉽게 찾을 수 있도록 도와주는 프로그램을 만들어 보겠습니다.

방이 어두워지면 마이크로비트가 빛의 양을 감지하여 형광등 전원 스위치의 위치와 화장실 위치를 보여주는 프로그램이 작동되도록 만들어 봅시다.

〈버튼 A〉를 누르면 유도등이 작동을 시작합니다. 〈버튼 B〉를 누르면 작동이 멈추고, 'Good Night' 표시와 함께 유도등이 완전히 꺼지게 됩니다. 이제 마이크로비트로 어두운 내 방을 밝혀주는 편리한 유도등을 만들어 봅시다.

▶ 프로젝트 완성 사진

 프로젝트 준비하기

화장실 유도등 만들기 프로그램을 만들기 위해서는 1개의 마이크로비트와 건전지, 그리고 건전지 케이스를 준비합니다. 건전지가 따로 있어야 벽에 부착하거나 방에 놓을 수 있습니다.
예쁘게 꾸며줄 수 있는 부직포나 두꺼운 종이를 준비하여 벽에 부착할 수 있도록 만들어 봅시다.

▶ 마이크로비트와 재료 모음

1. 빛 프로젝트

프로젝트 설계하기

마이크로비트의 〈버튼 A〉를 누르면 반복적으로 빛 센서의 값을 판단하여 센서값이 5 미만이면 유도등이 1초 간격으로 나타나도록 설계해 봅시다. 그리고 〈버튼 B〉를 누르면 "Good Night" 문장이 출력된 후 모든 작동이 멈춰지도록 설계해 봅시다.

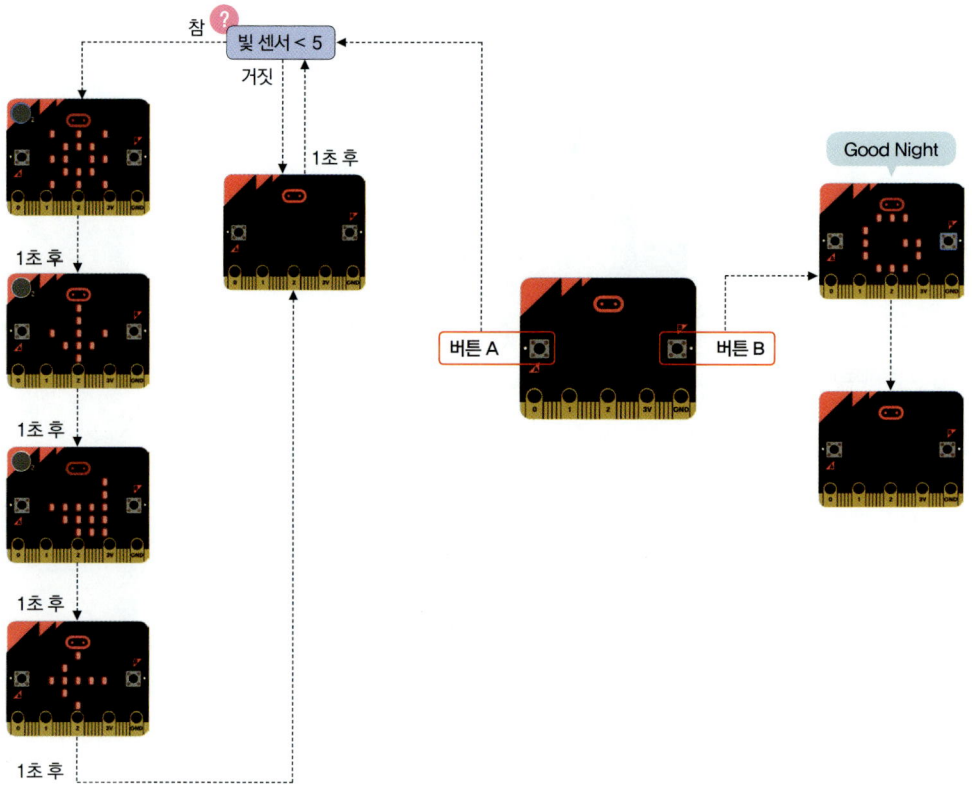

작동 스위치와 아이콘 만들기

STEP 01 작동 스위치 변수 만들기

유도등 만들기 프로그램에서 가장 먼저 해야 하는 것은 작동 스위치 변수를 만드는 것입니다. ☰변수 블록 꾸러미에서 '변수 만들기'를 누르면 새로운 변수 이름을 정하는 입력창이 뜹니다. 입력창에 '작동 스위치'라고 쓰고 '확인' 버튼을 누릅니다.

STEP 02 빛 센서 이용하여 기초 만들기

작동 스위치 변수를 만들고 나면 유도등 작동 프로그램을 만듭니다. 그 전에 유도등의 작동 원리를 생각해 봅시다. 유도등은 주변의 빛이 줄어들어야, 즉 어두워져야 작동됩니다. 그렇다면 마이크로비트의 LED 스크린 빛 센서값을 이용하여 작동 프로그램을 만들 수 있습니다. ⋮⋮⋮기본 블록 꾸러미의 [무한 반복 실행] 블록을 가져옵니다. 유도등이 작동되는 동안 실행하기 위하여 ↻반복 블록 꾸러미에 [반복 □인 동안 실행] 블록을 가져옵니다. 작동 스위치가 참(true)인 동안에만 실행되기 위해서는 [참(true)] 대신에 ⤭논리 블록 꾸러미의 [□ = □] 블록이 필요합니다.

그리고 빛 센서값의 조건에 따라 작동될 수 있도록 설정해야 합니다. 우리는 빛 센서값을 5보다 작게 설정합니다. 이것은 빛 센서값이 5보다 작을 때를 어둡다고 판단하게 만들어서 마이크로비트에 LED가 출력되게 만들기 위해서입니다.

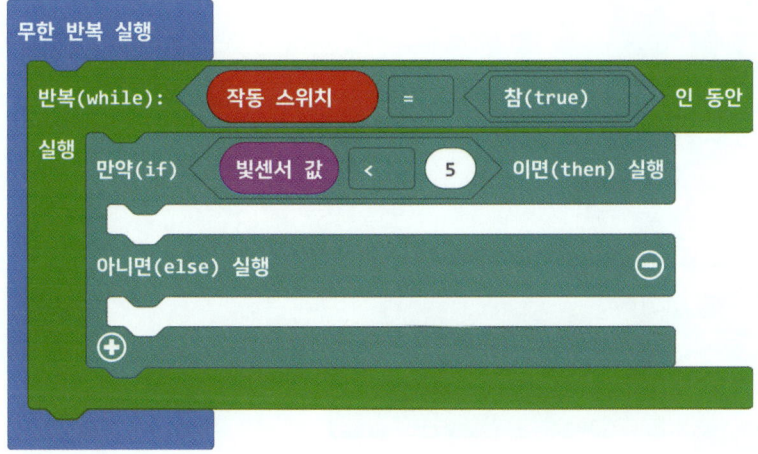

1. 빛 프로젝트

STEP 03 **LED 아이콘 만들기**

유도등에 출력되는 LED 및 화살표 아이콘을 만들어 봅시다. 방 안에서 만들 수 있는 유도등에는 어떤 것들이 있을까요? 우리는 어둠 속에서 형광등 스위치를 찾거나 화장실의 위치를 찾을 일이 종종 생깁니다. 그렇다면 형광등 스위치의 위치를 나타내는 유도등과 화장실 방향을 알려주는 유도등 두 가지를 만들어보겠습니다. ⠿기본 블록 꾸러미에서 (LED 출력) 블록을 가져와서 형광등, 화장실, 화살표 방향 이미지를 만들어서 아래와 같이 나타냅니다.

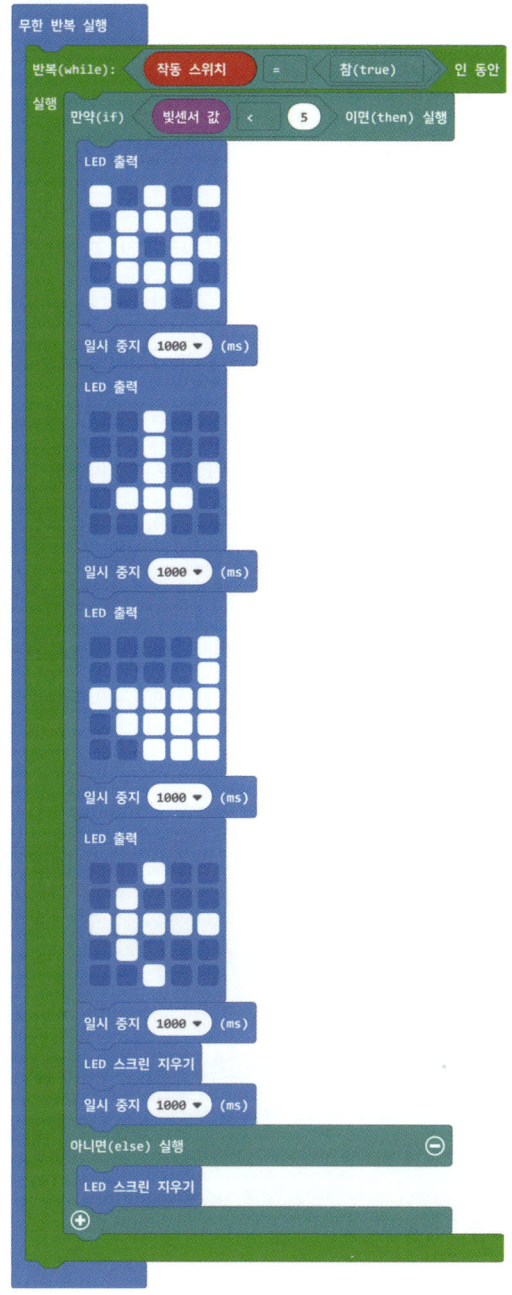

유도등이 완성되어 출력된 모습은 다음과 같습니다.

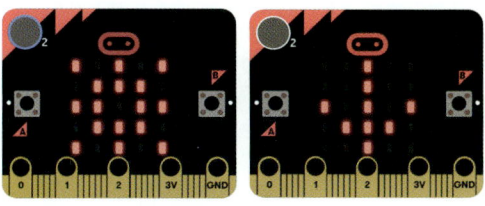
▲ 형광등 이미지와 유도등 화살표

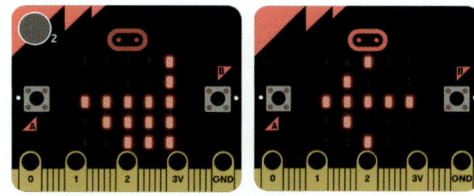
▲ 화장실 이미지와 유도등 화살표

STEP 04 　작동 스위치에 효과 넣기

유도등은 어두운 곳에서 작동이 됩니다. 비상구와는 다르게 집에서 만들었기 때문에 내가 원하면 유도등이 꺼지게도 만들어야 하겠죠? 마이크로비트의 〈버튼 A〉, 〈버튼 B〉를 작동 스위치로 사용하는 방법을 생각해 봅시다.

'작동 스위치' 변숫값을 각각 참, 거짓으로 저장하면 스위치를 끄고 켜는 것과 같은 효과를 만들 수 있습니다.

〈버튼 A〉의 '작동 스위치' 변숫값을 '참'으로 저장하고, 〈버튼 B〉의 '작동 스위치' 변숫값을 '거짓'으로 저장합니다. 이때 〈버튼 B〉를 누르면 작동을 정지시키는 것과 추가로 'Good Night' 문자열을 출력할 수도 있습니다. 모든 출력이 끝난 후에는 화면을 지워 줍시다.

▶ 유도등 작동 스위치
－ON(작동)

▶ 유도등 작동 스위치
－OFF(정지)

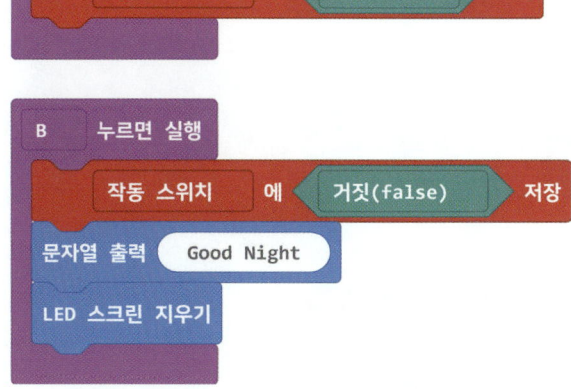

1. 빛 프로젝트

STEP 05 완성된 코드 확인하기

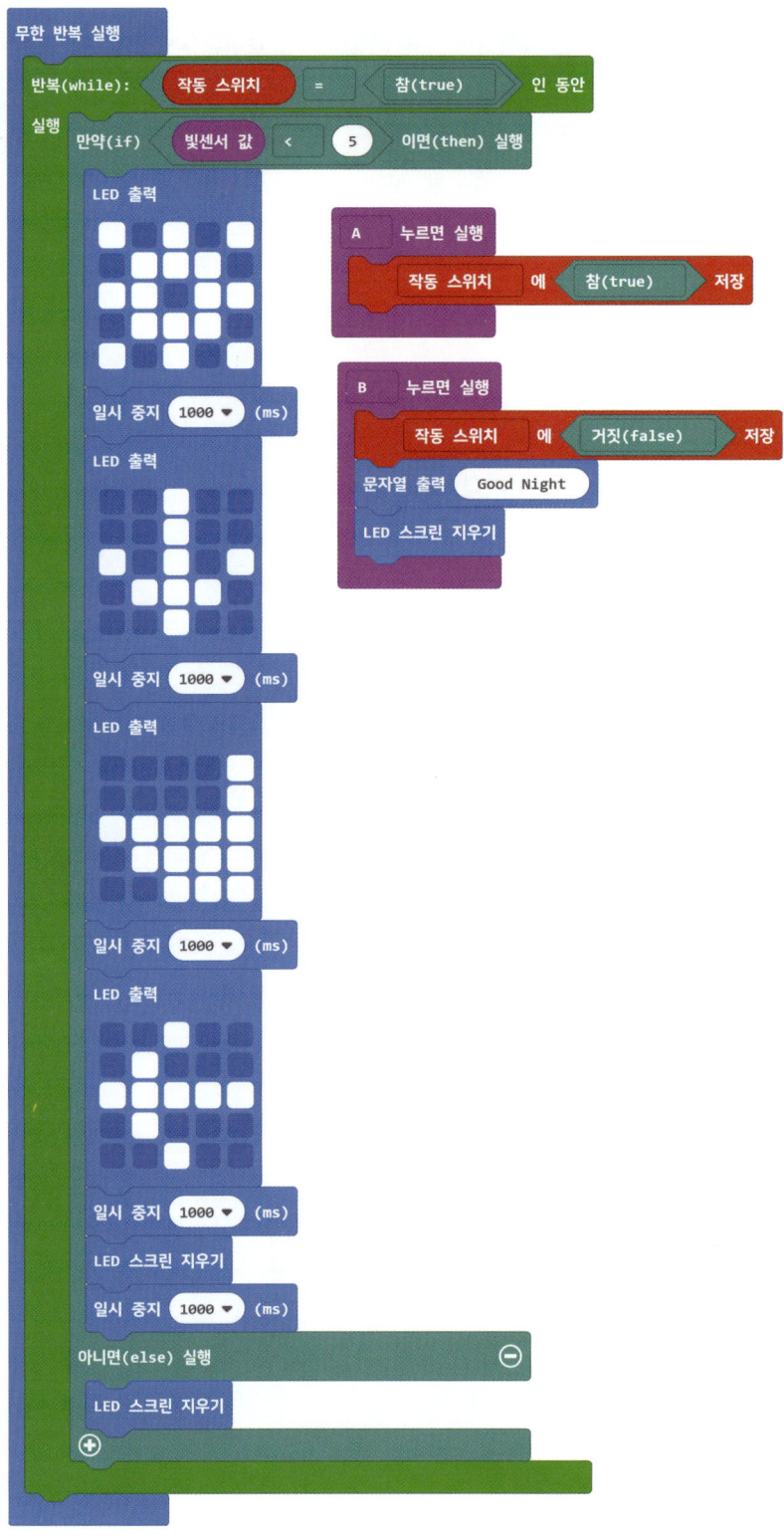

프로젝트 돌아보기

정리하기

▶ 유도등은 어둠을 감지하면 켜지는 원리입니다. 주변의 밝기를 측정하기 위해 마이크로비트가 어떤 센서를 이용했나요?

▶ '작동 스위치' 변수가 참인 경우에만 실행되도록 사용한 블록은 무엇인가요?

▶ '작동 스위치' 효과를 내기 위하여 〈버튼 A〉, 〈버튼 B〉를 눌렀을 때 스위치 효과를 내기 위해 사용한 블록은 무엇인가요?

프로젝트 주요 블록

빛센서 값

주변의 빛 밝기(밝고 어두운 정도)를 측정합니다. 빛 센서 밝기 값 0은 어둠을 의미하고, 255는 가장 밝은 값을 의미합니다. 마이크로비트는 주변 빛의 양을 측정하기 위해 LED 스크린에 있는 LED를 이용합니다.

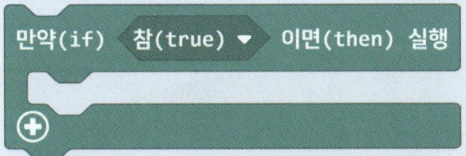

조건문에 따르는 정보가 참인지 거짓인지 판단하여 어떤 선택을 할 것인지 결정합니다.

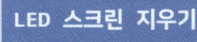

LED 스크린의 모든 LED 불빛을 끕니다.

1 · 빛 프로젝트

LED로 표정 나타내기

 프로젝트 미리보기

아침에 등교하여 교실에서 친구들을 만나면 제일 먼저 물어보는 말은 무엇일까요? 바로 "안녕?"입니다. 외국 사람들도 "How are you?"라고 안부 인사를 건넵니다. 교실에서 친구들을 처음 만났을 때 자신의 감정을 표현하면 서로를 더 잘 이해할 수 있습니다. 이번 프로젝트에서는 감정을 나타내는 프로그램을 만들어 보겠습니다.

우리가 만들 프로그램은 자신의 감정을 마이크로비트의 LED를 통해 출력하는 프로그램입니다. 마이크로비트의 〈버튼 A〉를 누르면 감정을 선택할 수 있으며, 〈버튼 B〉를 누르면 상대방의 감정을 물어볼 수 있는 물음표가 출력되도록 구성되어 있습니다.

03 LED로 표정 나타내기

기분이 우울할 때는 시무룩한 표정을, 행복하고 기쁠 때는 방긋 웃는 표정을 표현하면 됩니다. 〈버튼 A〉를 눌러서 이런 자신의 얼굴 감정을 표현하고 〈버튼 B〉를 눌러 물음표를 나타내 상대방의 감정을 물어보면서 서로의 감정을 묻고 답하는 활동을 통해 친구들과의 관계를 더욱 돈독히 할 수 있습니다.

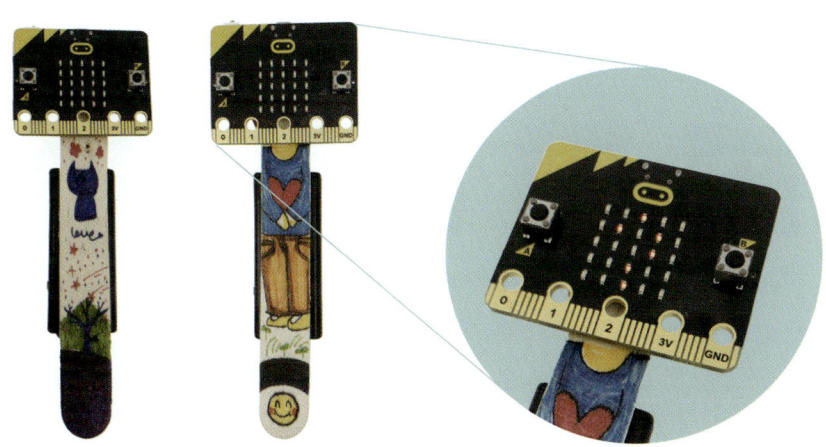

▶ 프로젝트 완성 작품

🛠 프로젝트 준비하기

LED로 표정을 나타내기를 위해서는 1개의 마이크로비트와 건전지, 그리고 건전지 케이스를 준비합니다.

어떤 모양으로 만들어야 효과적일지 생각한 후 필요한 꾸미기 재료를 준비해 봅시다. 나무 막대, 두꺼운 종이나 색종이, 채색 도구도 좋습니다.

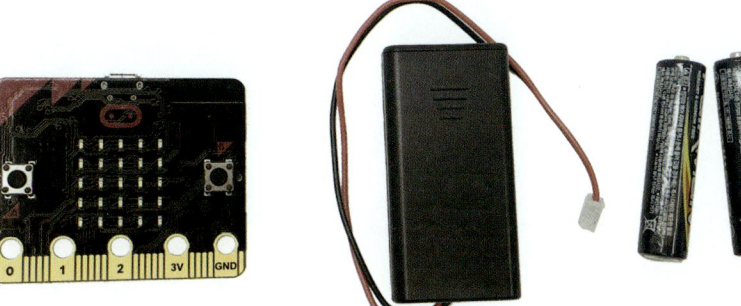

▶ 마이크로비트와 재료 모음

53

1. 빛 프로젝트

프로젝트 설계하기

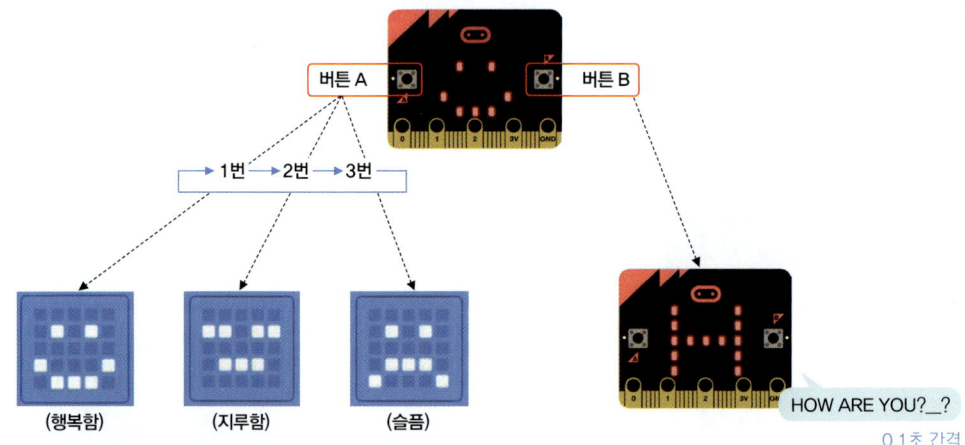

마이크로비트의 〈버튼 A〉를 한 번씩 누를 때 마다 '지루함', '슬픔', '행복함'을 의미하는 얼굴 감정을 차례대로 번갈아가며 나타내고, 〈버튼 B〉를 누르면 상대방의 감정을 물어볼 수 있는 'How are you?' 문장과 함께 물음표가 나타나도록 프로젝트를 설계해 봅시다.

감정이나 표정 만들기

STEP 01 얼굴 감정 변수 만들기

기본 블록 꾸러미의 〔시작하면 실행〕 블록을 가져옵니다. 그리고 변수 블록 꾸러미에서 '변수 만들기'를 누르면 아래 이름과 같이 새로운 변수 이름을 정하는 입력창이 뜹니다. 입력창에 '얼굴'이라고 쓰고 '확인' 버튼을 누릅니다.

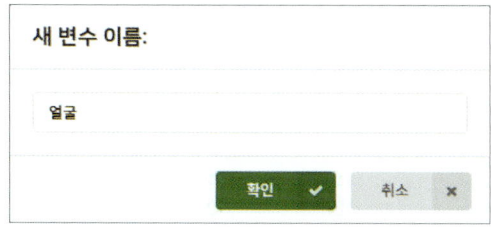

변수 블록 꾸러미에서 〔□에 □ 저장〕 블록을 꺼내서 〔시작하면 실행〕 블록 안에 끼웁니다. 〔□에 □ 저장〕 블록에서 첫 번째 □의 옵션을 눌러 '얼굴'을 선택합니다. 〔얼굴에 □ 저장〕 블록의 □ 자리에 '1'을 넣습니다.

1. 빛 프로젝트

> **STEP 02** **내가 만들 얼굴 표정의 개수 정하기**

프로젝트에 들어갈 얼굴 표정의 가짓수를 정해야 합니다. 우리는 기본 얼굴 표정의 수를 3개로 정하여 프로그램을 만들어 보겠습니다.

얼굴 표정을 출력하기 위해서 〈버튼 A〉를 사용하겠습니다. ◉**입력** 블록 꾸러미의 〔□ **누르면 실행**〕 블록을 꺼내고 ≡**변수** 블록 꾸러미에서 〔□ **값** □ **증가**〕 블록을 꺼내서 〔□ **누르면 실행**〕 블록 안에 끼웁니다. 〔□ **값** □ **증가**〕 블록에서 첫 번째 □를 누르면 나오는 옵션에서 '얼굴'을 선택합니다.

얼굴 표정의 가짓수를 3개로 하기 위해서는 변숫값이 3이 될 때까지만 실행이 되어야 합니다. 4 이상의 수가 될 때는 다시 변수 1의 값으로 돌아갈 수 있도록 프로그램을 만들어야 합니다.

버튼 A 누른 횟수	0(시작)	1	2	3	4	5	6	7	…
얼굴 값 변화	1	+1	+1	+1	+1	+1	+1	+1	…
얼굴 값	1	2	3	4→1	2	3	4→1	2	…

⤨ **논리** 블록 꾸러미에서 〔**만약(if)** □ **이면(then) 실행**〕 블록을 가져와서 〔□ **누르면 실행**〕 안의 맨 아래쪽에 끼웁니다. ⤨ **논리** 블록 꾸러미의 〔□ = □〕 블록을 꺼내서 〔**만약(if)** □ **이면(then) 실행**〕 블록의 '만약(if)' 오른쪽의 '참(true)' 자리에 끼웁니다.

≡**변수** 블록 꾸러미에서 〔**얼굴**〕 블록을 꺼내서 〔□ = □〕 블록의 왼쪽 '□' 자리에 끼웁니다. 〔□ = □〕 블록의 '='를 누르면 나오는 메뉴에서 '≥' 기호를 선택합니다. 〔□ = □〕 블록의 오른쪽 '□' 자리에 '4'를 넣습니다.

조건문을 실행하기 위하여 '얼굴' 변숫값이 4 이상이 되면 처음 변숫값으로 돌아가도록 [얼굴에 1 저장]을 [만약(if) □ 이면(then) 실행] 블록 안에 끼웁니다.

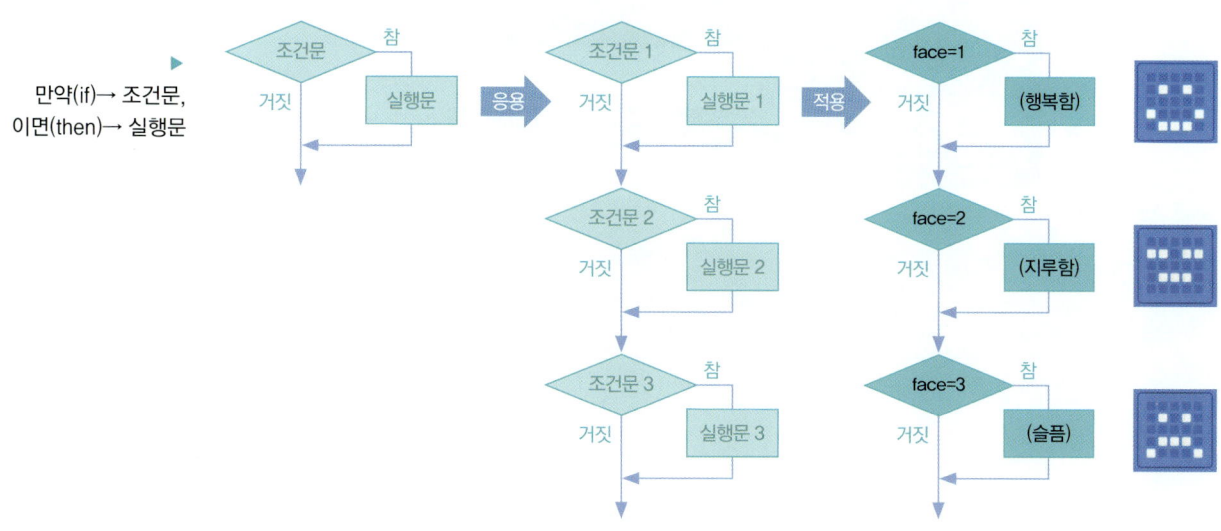

STEP 03 **얼굴 표정의 수 실행 조건문 만들기**

버튼을 클릭한 횟수에 따라 다른 표정이 나타날 수 있도록 조건문을 활용해 봅시다. [만약(if) □ 이면(then) 실행]을 이용한 조건문은 참이면 실행문을 수행하고, 거짓이면 아무것도 수행하지 않는 기능을 합니다.

우리는 위 조건문을 이용하여 서로 다른 세 가지 조건에 따라서 각각 다른 얼굴 표정이 나타나도록 알고리즘을 만들 수 있습니다.

1. 빛 프로젝트

⤬ **논리** 블록 꾸러미에서 〔만약(if) □ 이면(then) 실행〕 블록을 가져와서 〔무한 반복 실행〕 안의 맨 아래쪽에 끼웁니다. ⤬ **논리** 블록 꾸러미의 〔□ = □〕 블록을 꺼내서 〔만약(if) □ 이면(then) 실행〕 블록의 '만약' 오른쪽의 '참' 자리에 끼웁니다.

≡ **변수** 블록 꾸러미에서 〔얼굴〕 블록을 꺼내서 〔□ = □〕 블록의 왼쪽 '□' 자리에 넣습니다.

이번에는 변수의 값에 따라 다른 표정이 나오도록 설정해 봅시다.

〔만약(if) □ 이면(then) 실행〕 블록을 이용하여 변수가 1일 때는 웃는 표정을, 변수가 2일 때는 무표정하게, 변수가 3일 땐, 슬픈 표정이 출력되도록 설정합니다. 각각의 아이콘을 다르게 설정해야 매번 다른 표정이 나오게 됩니다.

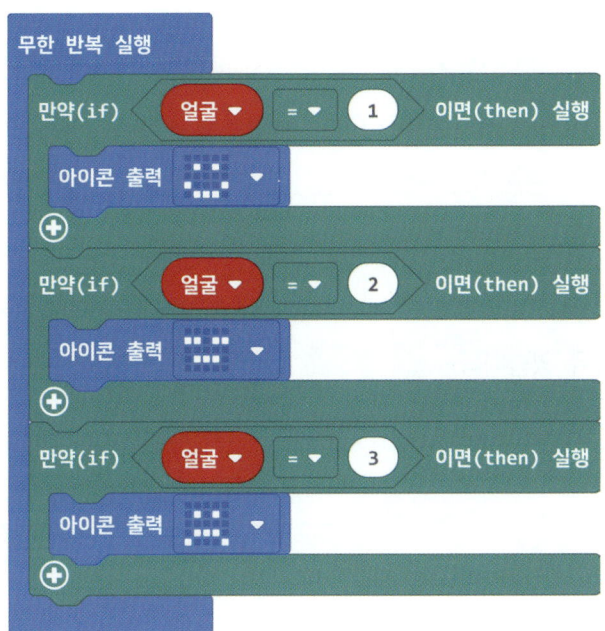

| STEP 04 | **상대방 감정 물어보기**

〈버튼 B〉를 눌러 상대방의 감정을 물어보도록 만들어 봅시다. 문자열을 출력할 때는 한글이 지원되지 않으므로 영문으로 넣어 줍니다. 우리가 일상생활에서 누군가를 만나면 "How are you?" 라고 물어보고, "Fine, thank you. and you?" 라고 대답하는 것처럼 자연스럽게 상대방의 감정을 물어볼 수 있게 됩니다.

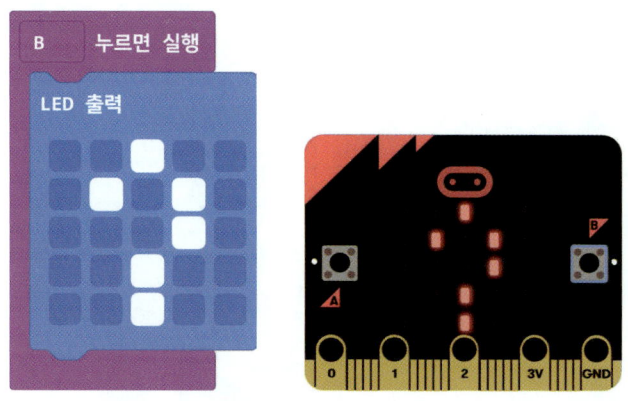

문자열이 출력되도록 만들 수도 있습니다.

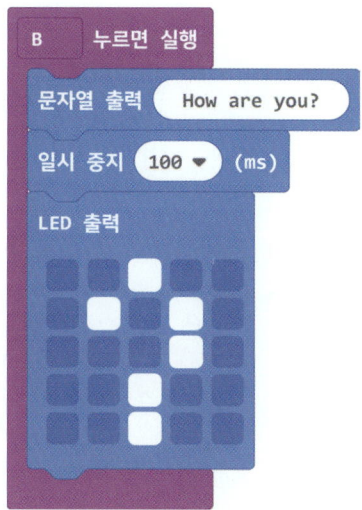

완성된 코드를 가지고 친구와 함께 서로의 감정을 물어보는 활동을 해 봅시다.

이 책의 5단원을 배운 후에는 ..⏹**라디오** 기능을 이용하여 마이크로비트 2대를 가지고 서로 상대방의 감정을 물어보는 색다른 활동을 할 수도 있습니다.

1. 빛 프로젝트

STEP 05 완성된 코드 확인하기

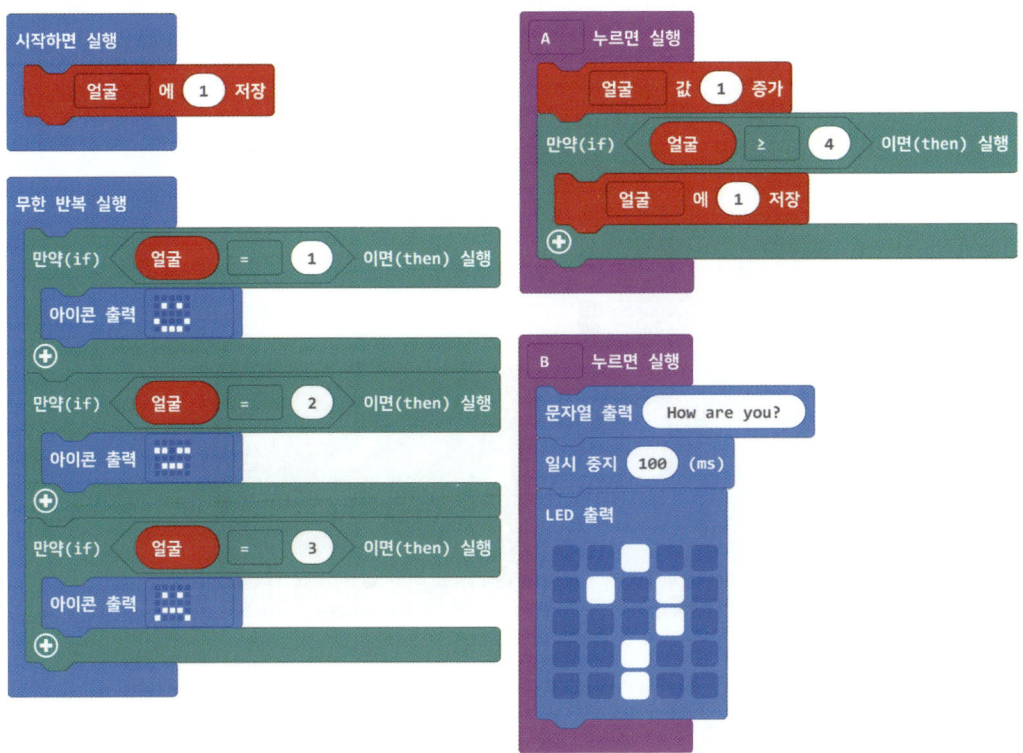

03 LED로 표정 나타내기

> 프로젝트 업그레이드 : **나만의 감정과 표정 만들기**

마이크로비트로 다양한 감정을 표현할 수 있습니다. 마이크로비트 기본 블록에서 제공하는 아이콘 외에도 내가 직접 만든 나만의 감정과 표정을 만들어 봅시다.

STEP 01 감정의 가짓수 바꾸기

본문에서는 얼굴 표정의 가짓수를 3개로 정했습니다. 조건문에 들어가는 숫자를 조절하면 얼굴 표정의 가짓수를 내가 원하는 대로 바꿀 수 있습니다.

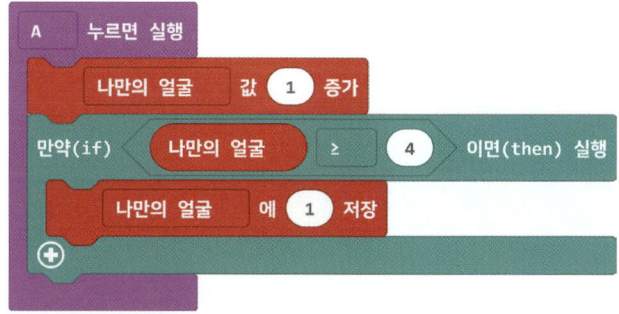
▶ 감정이나 표정을 3가지로 만들기

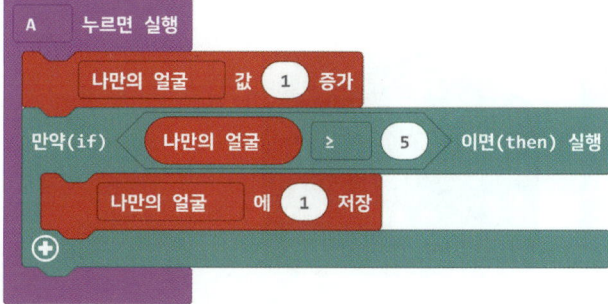
▶ 감정이나 표정을 4가지로 만들기

▶ 감정이나 표정을 5가지로 만들기

1. 빛 프로젝트

STEP 02 **나만의 얼굴 감정 만들기**

마이크로비트 ▦ 기본 블록 꾸러미에서 제공하는 아이콘 40종을 확인해 봅시다. 그 외에도 (LED 출력) 블록을 이용하면 직접 나만의 얼굴을 만들 수도 있습니다.

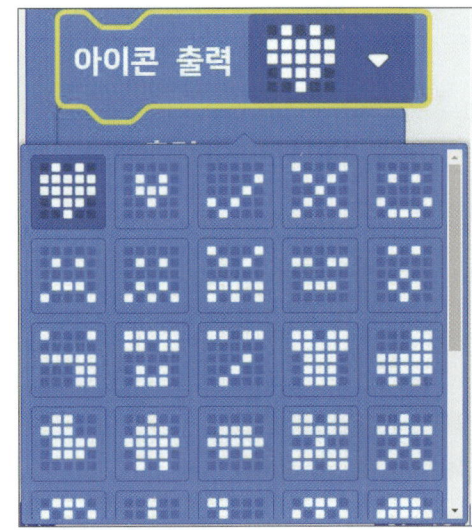

▶ 기본 아이콘 40종

▶ 나만의 표정 만들기

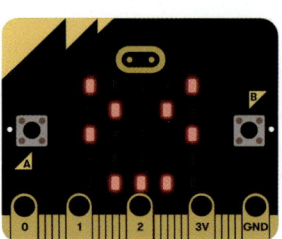

03 LED로 표정 나타내기

마이크로비트에 다양한 감정을 표현해 봅시다.

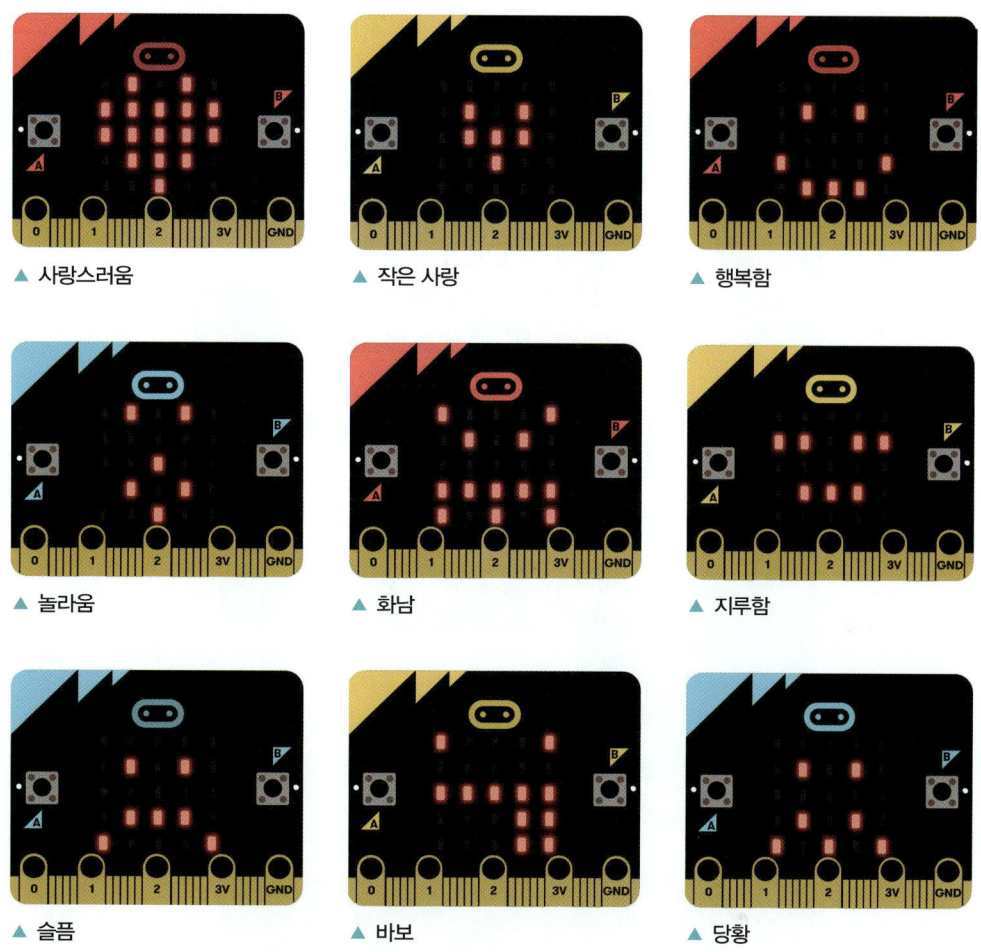

▲ 사랑스러움   ▲ 작은 사랑   ▲ 행복함

▲ 놀라움   ▲ 화남   ▲ 지루함

▲ 슬픔   ▲ 바보   ▲ 당황

1. 빛 프로젝트

STEP 03 완성된 코드 확인하기

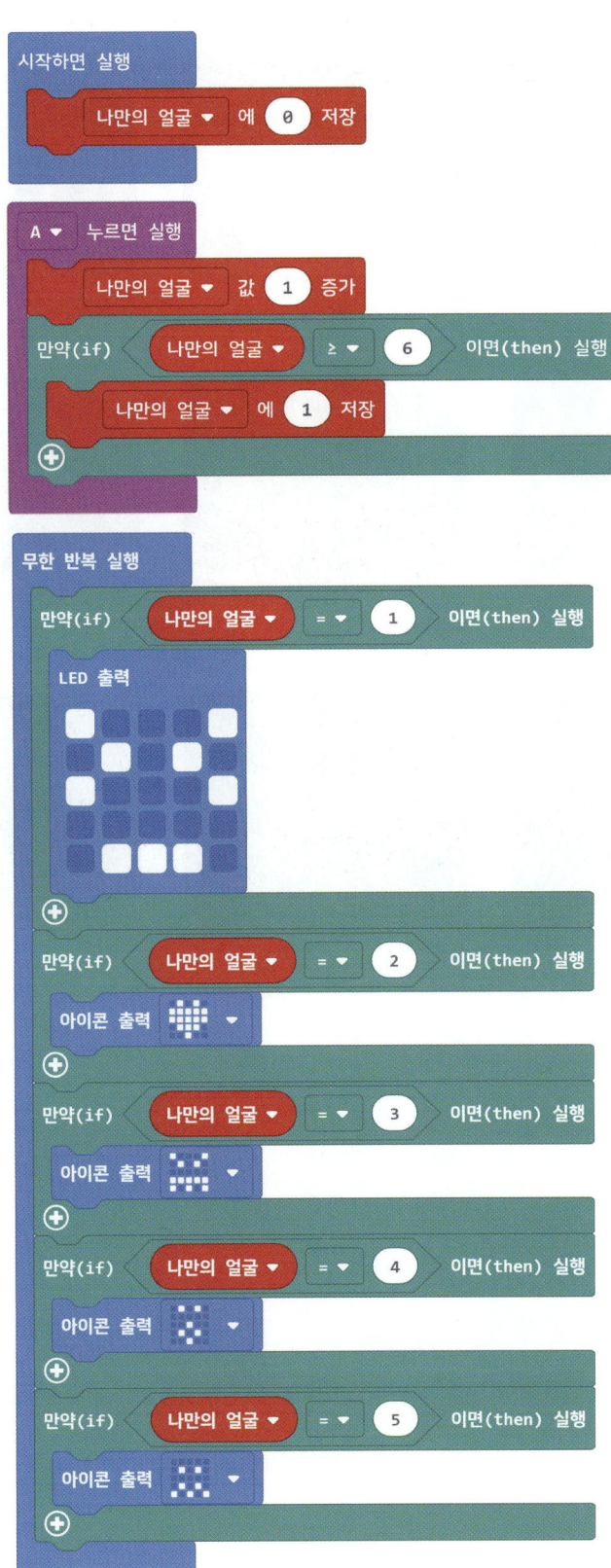

프로젝트 돌아보기

정리하기

▶ 마이크로비트로 감정이나 표정 만들기에서 얼굴 표정의 가짓수를 정하기 위하여 만든 것은 무엇인가요?

▶ 마이크로비트 블록에서 〈버튼 A〉를 누르면 이벤트가 발생되는 블록은 어떤 블록인가요?

▶ 얼굴 표정의 가짓수에 관한 조건문을 만들기 위해 사용한 블록은 무엇인가요?

프로젝트 주요 블록

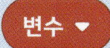

변수는 데이터 값을 담아두는 상자의 역할을 합니다.

이벤트 핸들러(어떤 버튼이 눌린 것과 같은 이벤트가 발생했을 때, 실행되는 작은 프로그램)를 실행합니다. 이 이벤트 핸들러는 〈버튼 A〉, 〈버튼 B〉, 〈버튼 A〉와 〈버튼 B〉가 함께 눌린 경우 실행됩니다.

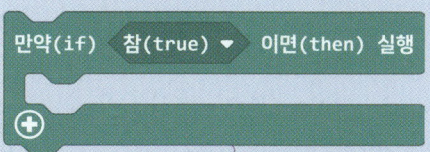

조건문에 따르는 정보가 참인지 거짓인지 판단하여 어떤 선택을 할 것인지 결정합니다.

PART 2

소리 프로젝트

01 내가 만드는 주크박스
02 멜로디 카드 만들기
03 굿모닝 알람 장치 만들기

2 · 소리 프로젝트

PROJECT 01 내가 만드는 주크박스

프로젝트 미리보기

친구들은 혹시 주크박스가 무엇인지 알고 있나요? 주크박스란 음악이 나오는 자동판매기 같은 것이며 20세기 초반에 발명된 장치입니다. 주크박스의 내부에는 많은 레코드가 들어 있습니다. 돈을 넣고 희망하는 곡의 버튼을 누르면 자동으로 선택한 레코드를 골라 음악이 재생됩니다. 주로 사람들이 많이 모이는 카페나 식당, 호텔 로비 등에서 사용되었다고 합니다.

이번 프로젝트에서는 마이크로비트의 다양한 입력 방법에 따라 서로 다른 곡이 연주되는 주크박스를 만들어 보겠습니다. 마이크로비트는 버튼을 누를 때, 움직임을 감지할 때, 핀이 연결되거나 끊어질 때 등의 다양한 입력 방법이 있습니다. 우리는 이런 입력 방법을 활용하여 마이크로비트의 버튼을 누르거나 흔들며 서로 다른 곡이 연주되는 프로그램을 만들어 보겠습니다. 이 과정을 통해 알고리즘의 구조 중 선택 구조를 익히고 소프트웨어의 입력, 처리, 출력 과정을 이해할 수 있습니다.

마이크로비트의 〈버튼 A〉를 누르면 엔터테이너 음악, 〈버튼 B〉를 누르면 시 낭송 음악이 연주되도록 만들어 봅시다.

우리가 코딩에 사용할 https://makecode.microbit.org에는 전주곡, 펑크, 블루스, 생일 축하 음악, 결혼식 음악 등 여러 가지 예제 멜로디가 있습니다.

▶ 프로젝트 완성 작품

🔧 프로젝트 준비하기

주크박스 프로그램을 만들기 위해서는 우선 마이크로비트 1대와 건전지 케이스 1개, 건전지와 집게 전선 2개가 필요합니다. 또, 소리를 출력하기 위해서 피에조 버저(Piezo Buzzer)나 이어폰이 1개 필요합니다. 이 책에서는 피에조 버저나 출력이 낮은 스피커를 이용하여 음악을 출력하도록 하였습니다. 스피커를 사용할 때는 유의할 점이 있습니다. 마이크로비트는 낮은 전압과 전류를 사용하기 때문에 출력이 너무 높은 스피커는 사용하기 어렵습니다. 마이크로비트에 알맞은 전압과 전류를 확인한 후 알맞은 스피커를 사용해야 합니다.

주크박스 모양을 꾸미기 위한 우드락과 색종이, 가위, 테이프 등을 준비합니다.

▶ 마이크로비트와 재료 모음
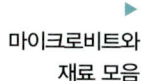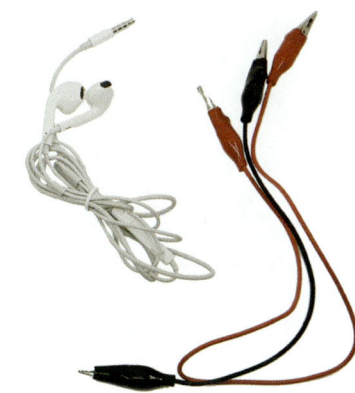

2. 소리 프로젝트

프로젝트 설계하기

마이크로비트의 〈버튼 A〉를 누르면 '엔터테이너' 음악이 실행되고, 〈버튼 B〉를 누르면 '시 낭송' 음악이 실행되도록 프로젝트를 설계해 봅시다.

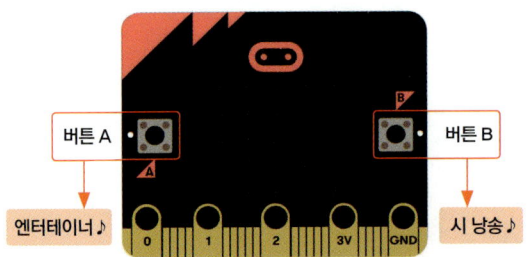

주크박스 프로그램 만들기

STEP 01 〈버튼 A〉와 음악 설정하기

먼저 마이크로비트의 〈버튼 A〉를 누르면 엔터테이너 음악이 출력되도록 프로그래밍해 봅시다. 입력과 관련된 명령들은 입력 블록 꾸러미에, 음악과 관련된 명령들은 🎧소리 블록 꾸러미에 있습니다.

예제 멜로디는 🎧소리 블록 꾸러미의 (□ 멜로디 □ 출력) 블록으로 불러올 수 있습니다. 사용할 수 있는 멜로디 목록은 멜로디 옵션을 누르면 나타나는 알림 창으로 확인할 수 있으며 선택한 멜로디를 한 번만 연주할 것인지 또는 무한 반복할 것인지도 알림 창에서 선택할 수 있습니다. 〈버튼 A〉를 눌러 엔터테이너 멜로디가 나오도록 설정합니다.

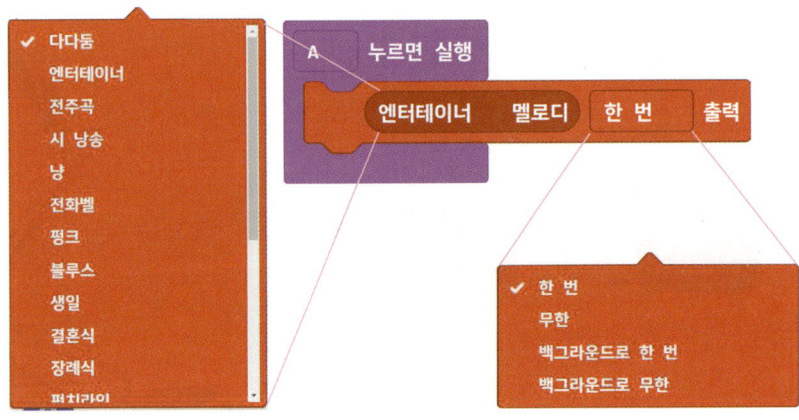

> **콕콕 포인트** **마이크로비트 예제 멜로디 목록**
>
> - **다다둠** 베토벤 5번 교향곡 C단조
> - **엔터테이너** Scott Joplin의 Ragtime 클래식 "The Entertainer"의 시작 부분
> - **전주곡** J.S.Bach의 48개의 전주곡과 F Major의 C장조에서 첫 번째 전주곡의 오프닝
> - **시 낭송** 베토벤의 D단조 교향곡 9번에서 "환희의 송가" 테마
> - **냥** Nyan Cat 테마
> - **전화벨** 휴대폰 벨소리
> - **펑크** 비밀 요원과 범죄 요원을 위한 펑키 베이스 라인
> - **블루스** 부기 우기 12바 블루스
> - **생일** 생일 축하 음악
> - **결혼식** 바그너의 오페라 "로엔그린"의 신부 합창곡
> - **장례식** Frédéric Chopin의 피아노 소나타 No. 2 in B♭ minor, Op. 35.
> - **펀치라인** 농담을 나타내는 재미있는 멜로디
> - **나쁜** 무성 영화 시대 악당의 등장 음악
> - **뒤쫓는** 무성 영화 시대 추적 장면 음악
> - **바 딩** 무언가가 발생했음을 나타내는 짧은 소리
> - **와와와와아** 매우 슬픈 트롬본
> - **뛰어 오르는** 게임에서 점프할 때 사용하는 소리
> - **뛰어 내리는** 게임에서 뛰어내릴 때 사용하는 소리
> - **전원 켜는** 업적이 달성되었음을 나타내는 소리
> - **전원 끄는** 업적 달성 실패를 나타내는 소리

2. 소리 프로젝트

STEP 02 | **<버튼 B>와 음악 설정하기**

같은 방법으로 마이크로비트의 〈버튼 B〉를 누르면 시 낭송 음악이 출력되도록 프로그래밍해 봅시다. ⊙**입력** 블록 꾸러미의 〔□ **누르면 실행**〕 블록의 A를 클릭하면 오른쪽의 그림과 같이 〈버튼 B〉, 〈버튼 A+B〉를 선택할 수 있습니다. 〈버튼 B〉의 멜로디는 시 낭송으로 선택해 줍니다.

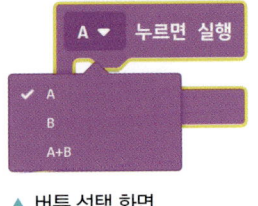

▲ 버튼 선택 화면

STEP 03 | **완성된 코드 확인하기**

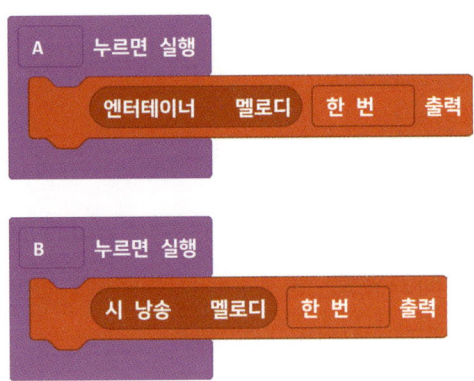

소리 출력 장치 연결하기

마이크로비트에는 소리를 출력하는 장치가 없으므로 외부 장치를 이용하여 음악을 출력해 봅시다.

소리를 출력하려면 전기적 신호를 소리로 바꿀 수 있는 피에조 버저나 이어폰 같은 장치가 있어야 합니다. 이 장치들을 마이크로비트에 연결하는 방법은 다음과 같습니다.

STEP 01 피에조 버저가 있을 때

피에조 버저(Piezo Buzzer)는 전기적 신호를 통해 소리를 출력해 주는 작은 전자부품입니다. 피에조 버저는 가격이 싸기 때문에 장난감 등 다양한 제품에 활용됩니다. 피에조 버저는 3V용, 5V용, 3V~24V용 등이 있습니다. 마이크로비트는 1.5V 배터리 2개, 즉 3V로 동작하기 때문에 3V용 피에조 버저를 선택합니다.

▲ 피에조 버저

> **콕콕 포인트 피에조 버저의 동작 원리**
>
> 피에조 버저의 내부에는 얇은 판이 들어 있습니다. 피에조 버저가 전기적 신호를 받으면 이 얇은 판이 떨면서 공기를 진동시켜 소리를 냅니다. 우리가 목소리를 낼 때 목 안에 있는 성대가 진동하며 목소리를 내는 것과 마찬가지 원리입니다.
>
> 피에조 버저를 이용하여 소리를 내려면 각 음에 맞는 고유한 주파수 값을 알아야 하지만 마이크로비트에서는 주파수의 값을 몰라도 블록 프로그래밍을 통해 각 음을 선택하여 쉽게 소리를 낼 수 있습니다.
>
>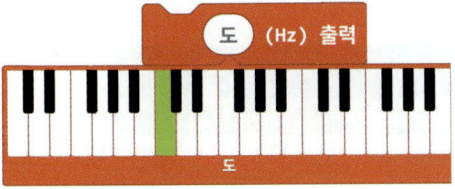

피에조 버저는 극성이 있습니다. 피에조 버저는 LED와 마찬가지로 다리가 긴 쪽이 + 극성을 나타냅니다. 피에조 버저의 윗면에도 ⊕ 또는 ⊖ 표시가 되어 있어 극성을 쉽게 알 수 있습니다.

피에조 버저는 아래와 같이 마이크로비트에 연결하여 사용합니다.
1. 마이크로비트의 0번 핀과 피에조 버저의 긴 다리(⊕ 표시 쪽)를 집게 전선으로 연결한다.
2. 마이크로비트의 GND와 피에조 버저의 짧은 다리(⊖ 표시 쪽)를 집게 전선으로 연결한다.

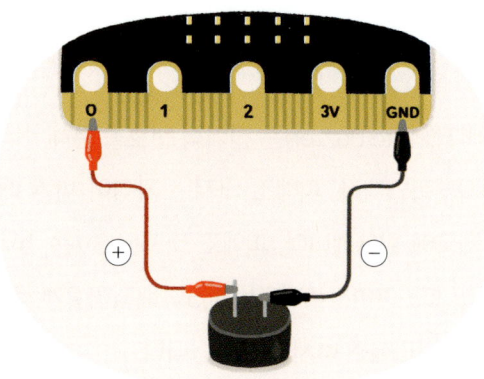

▲ 마이크로비트에 피에조 버저를 연결한 모습

콕콕 포인트 GND 단자

마이크로비트의 하단에는 5개의 동그란 모양의 단자가 있습니다. 맨 오른쪽 끝에 있는 GND 단자는 음극 단자입니다. 전기는 양극에서 나와 음극으로 들어갑니다. 마이크로비트에서는 전기가 음극 단자인 GND 단자로 들어갑니다. GND는 ground의 약자로 '접지'라고도 합니다. GND는 전자 제품이 누전되었을 때 감전되지 않도록 전기를 배출시켜주는 것이 주된 용도입니다. 또, 불필요한 전기적 신호들이 GND를 통해 빠져나가기 때문에 소음 감소에도 도움을 줍니다.

| STEP 02 | **이어폰이 있을 때** |

피에조 버저 또는 스피커가 없다면 이어폰을 이용하여 소리를 출력할 수 있습니다. 이어폰은 쉽게 구할 수 있지만 소리 출력이 약하다는 단점이 있습니다.

이어폰에도 극성이 있습니다. 마이크로비트에 이어폰을 연결할 때에도 극성을 맞추어 연결해 주어야 합니다. 아래의 그림은 3극 이어폰과 4극 이어폰의 단자 모습입니다. 4극 이어폰은 3극 이어폰과는 달리 마이크 단자가 하나 더 있습니다. 4극 이어폰의 유럽식 단자와 미국식 단자는 GND의 위치가 서로 다르므로 마이크로비트와 연결할 때 주의해야 합니다.

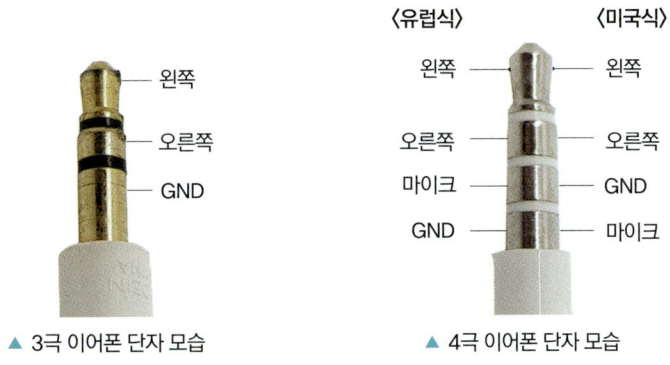

▲ 3극 이어폰 단자 모습   ▲ 4극 이어폰 단자 모습

이어폰은 다음과 같이 마이크로비트에 연결하여 사용합니다.

1. 마이크로비트의 0번 핀과 이어폰의 왼쪽 또는 오른쪽 단자를 집게 전선으로 연결한다.
2. 마이크로비트의 GND와 이어폰의 GND 단자를 집게 전선으로 연결한다.

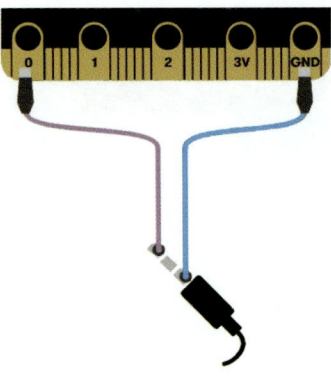

2. 소리 프로젝트

프로젝트 업그레이드 : 다른 방법으로 소리 출력하기

우리가 만든 주크박스는 마이크로비트의 〈버튼 A〉를 눌렀을 때나 〈버튼 B〉를 눌렀을 때 음악이 연주됩니다. 그러나 마이크로비트에는 명령을 입력하는 또 다른 방법이 있습니다. 이번에는 마이크로비트의 〈버튼 A〉와 〈버튼 B〉를 동시에 누르면 생일 음악이 연주되고, 마이크로비트를 흔들면 결혼식 음악이 연주되도록 프로그래밍해 보겠습니다.

STEP 01 〈버튼 A〉와 〈버튼 B〉를 동시에 눌러 음악 출력하기

마이크로비트의 〈버튼 A〉와 〈버튼 B〉를 동시에 누르면 생일 축하 음악이 출력되도록 프로그래밍해 봅시다. ◉**입력** 블록 꾸러미의 〔□ **누르면 실행**〕 블록의 □를 클릭해서 'A+B'를 선택하고 멜로디는 생일로 선택해 줍니다.

STEP 02 마이크로비트를 흔들어서 음악 설정하기

버튼 누르기 말고도 다른 방법으로도 명령을 입력할 수 있습니다. 마이크로비트를 흔들면 마이크로비트 안의 가속도 센서가 작동해 움직임을 감지합니다. 흔들어서 결혼식 멜로디가 출력되도록 프로그래밍해 봅시다.

STEP 03 완성된 코드 확인하기

프로젝트 돌아보기

정리하기

▶ 마이크로비트에는 소리를 출력할 수 있는 장치가 없습니다. 소리를 출력하려면 어떤 전자 부품을 연결해야 할까요?

▶ 마이크로비트에 내장된 음악을 출력하려면 어떤 블록을 사용해야 하나요?

프로젝트 주요 블록

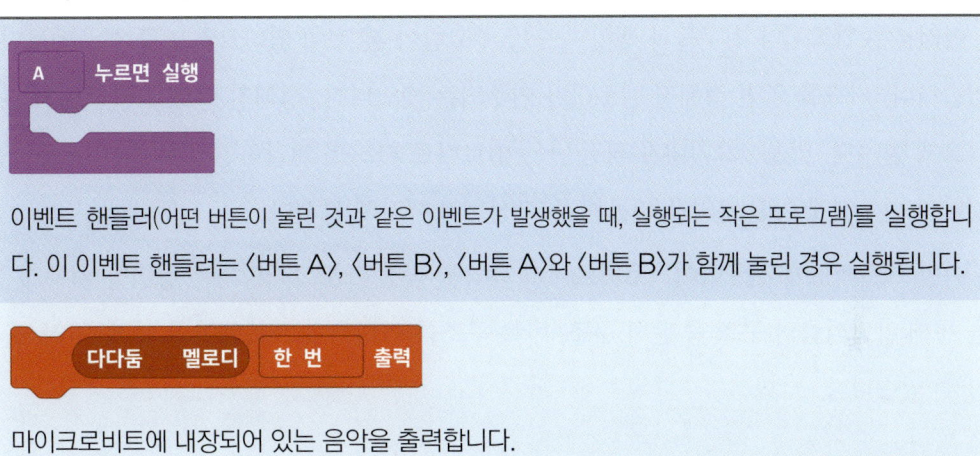

2 · 소리 프로젝트

PROJECT 02 멜로디 카드 만들기

프로젝트 미리보기

여러분은 가족이나 친구들과 생일 카드를 주고받아 본 적이 있나요? 그 중에는 멜로디 카드라는 것이 있습니다. 카드를 열면 정해진 멜로디가 연주되는 것입니다. 정해진 멜로디 말고도 내가 원하는 음악을 나오게 할 수는 없을까요? 내가 직접 만든 멜로디로 카드를 전달하면 친구들이 더 좋아할 것입니다. 그렇다면 친구에게 어떤 음악을 선물해 주고 싶은지 생각해 봅시다.

이번 프로젝트에서는 마이크로비트에서 음악을 직접 프로그래밍하는 방법을 배우게 됩니다. 이 과정을 통해 알고리즘의 구조 중 순차 구조, 반복 구조를 익히고 소프트웨어의 입력, 처리, 출력 과정을 이해할 수 있습니다.

02 멜로디 카드 만들기

이전 시간의 주크박스 만들기에서는 마이크로비트에 내장되어 있는 멜로디를 이용하여 음악을 연주하였습니다. 마이크로비트에 내장되어 있는 멜로디 중에서 마음에 드는 음악이 있었나요?

마이크로비트에 내장되어 있는 멜로디 외에도 자기가 직접 음악을 프로그래밍할 수 있는 명령어가 있습니다. 마이크로비트의 〈버튼 A〉를 누르면 '곰 세 마리' 멜로디가 실행되는 프로그램을 만들어 보고 멜로디 카드로 만들어 친구에게 선물해 봅시다.

▶ 프로젝트 완성 작품

🔧 프로젝트 준비하기

멜로디 카드를 만들기 위해서는 우선 마이크로비트 1대와 건전지, 건전지 케이스, 집게 전선 2개가 필요합니다. 또, 소리를 출력하기 위해서 피에조 버저나 이어폰이 1개 필요합니다. 이 책에서는 이어폰을 이용하여 음악을 출력하겠습니다.

어떤 모양의 카드를 만들지 생각해 보고, 예쁘게 꾸미기 위해 필요한 색종이, 가위, 풀 등을 준비합니다.

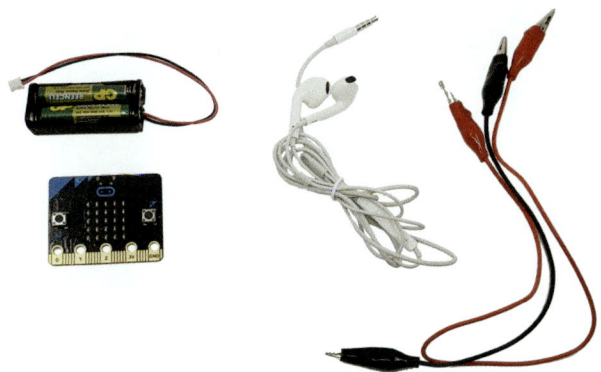

▶ 마이크로비트와 재료 모음

2. 소리 프로젝트

프로젝트 설계하기

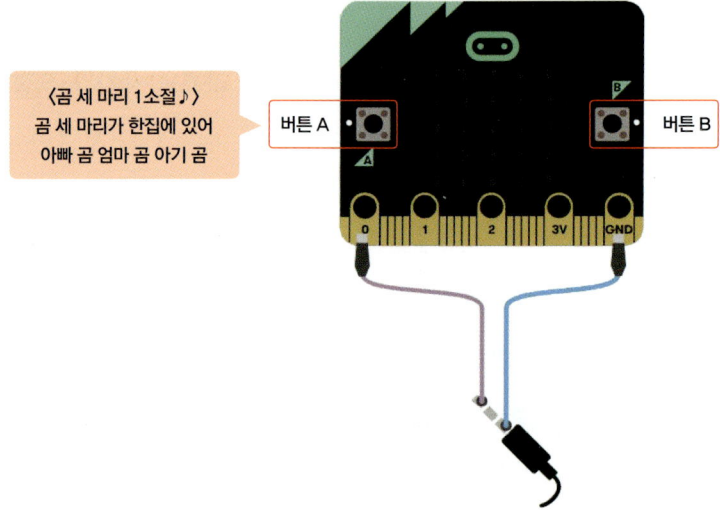

연주 프로그램 만들기

마이크로비트의 〈버튼 A〉를 누르면 곡이 연주되는 프로그램을 만들어 봅시다. 마이크로비트에서 곡을 연주하려면 어떤 명령어를 사용하는지 알아본 후 멜로디를 떠올리며 프로그래밍해 봅시다.

STEP 01 **곡을 연주할 때 사용하는 명령어**

피아노로 음악을 연주할 때에는 악보를 보면서 어떤 음을 몇 박자 동안 연주할 것인지를 먼저 알아야 합니다. 마이크로비트에서 음악 연주를 프로그래밍할 때에도 마찬가지입니다. 악보를 보면서 어떤 음을 몇 박자동안 연주할 것인지를 먼저 확인한 후 🎧소리 블록 꾸러미의 (□ □ 박자 출력) 블록을 사용해서 프로그래밍합니다.

여기서 첫 번째 □의 도는 가운데 도를 뜻합니다. 도에서 한 옥타브가 올라가면 높은 도, 한 옥타브가 내려가면 낮은 도가 됩니다.

도 음 외에 다른 음을 입력하려면 어떻게 할까요? 아래의 그림과 같이 '도'를 눌러 피아노 건반 알림창이 나타나면 다른 음을 선택할 수 있습니다.

음 선택하기 ▶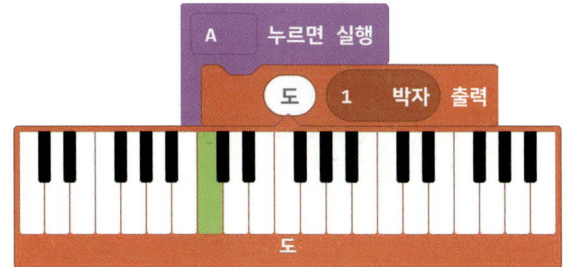

음을 바꾸는 것과 같은 방법으로 박자도 바꿀 수 있습니다. 아래의 그림과 같이 '1 박자'를 눌러 알림 창이 나타나면 다른 박자를 클릭하여 박자를 바꿀 수 있습니다.

박자 선택하기 ▶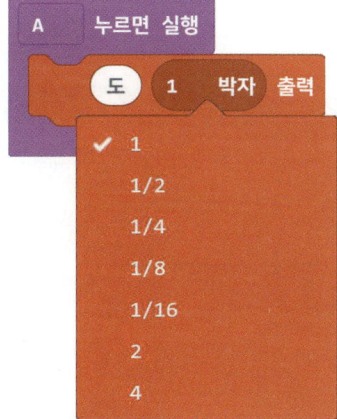

2. 소리 프로젝트

STEP 02 **1소절 악보 프로그래밍하기**

아래의 '곰 세 마리' 1소절 악보를 보고 음과 박자를 확인한 후 프로그래밍해 봅시다.

▶ '곰 세 마리' 1소절 악보

가사	음		박자	프로그래밍
곰	(가운데) 도	Middle C	1	도 1 박자 출력
세	도	Middle C	1/2	도 1/2 박자 출력
마	도	Middle C	1/2	도 1/2 박자 출력
리	도	Middle C	1	도 1 박자 출력
가	도	Middle C	1	도 1 박자 출력
한	미	Middle E	1	미 1 박자 출력
집	솔	Middle G	1/2	솔 1/2 박자 출력
에	솔	Middle G	1/2	솔 1/2 박자 출력
있	미	Middle E	1	미 1 박자 출력
어	도	Middle C	1	도 1 박자 출력
아	솔	Middle G	1/2	솔 1/2 박자 출력
빠	솔	Middle G	1/2	솔 1/2 박자 출력
곰	미	Middle E	1	미 1 박자 출력
엄	솔	Middle G	1/2	솔 1/2 박자 출력
마	솔	Middle G	1/2	솔 1/2 박자 출력
곰	미	Middle E	1	미 1 박자 출력
아	도	Middle C	1	도 1 박자 출력
기	도	Middle C	1	도 1 박자 출력
곰	도	Middle C	2	도 2 박자 출력

STEP 03 완성된 코드 확인하기

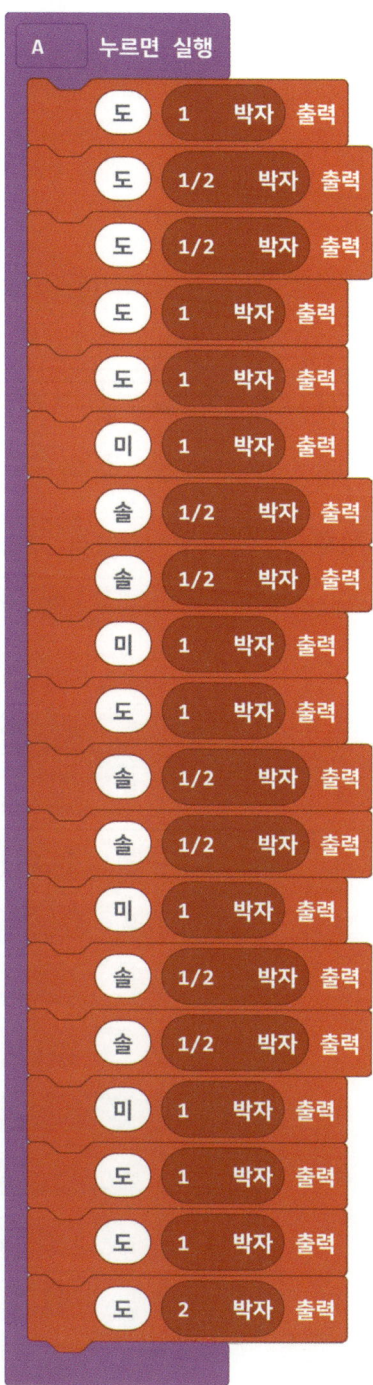

2. 소리 프로젝트

프로젝트 업그레이드 : 함수를 이용하여 연주를 마무리하기

'곰 세 마리'의 1소절 연주 프로그램을 잘 완성하였나요? 그렇다면 이어서 2, 3소절을 프로그래밍하여 곡을 완성해 봅시다.

STEP 01 **2소절 악보 프로그래밍하기**

아래의 '곰 세 마리' 2소절 악보를 보고 음과 박자를 확인한 후 프로그래밍해 봅시다.

▶ '곰 세 마리' 2소절 악보

가사	음		박자	프로그래밍
아	솔	Middle G	1	솔 1 박자 출력
빠	솔	Middle G	1	솔 1 박자 출력
곰	미	Middle E	1	미 1 박자 출력
은	도	Middle C	1	도 1 박자 출력
뚱	솔	Middle G	1	솔 1 박자 출력
뚱	솔	Middle G	1	솔 1 박자 출력
해	솔	Middle G	2	솔 2 박자 출력
엄	솔	Middle G	1	솔 1 박자 출력
마	솔	Middle G	1	솔 1 박자 출력
곰	미	Middle E	1	미 1 박자 출력
은	도	Middle C	1	도 1 박자 출력
날	솔	Middle G	1	솔 1 박자 출력
씬	솔	Middle G	1	솔 1 박자 출력
해	솔	Middle G	2	솔 2 박자 출력

그런데 '곰 세 마리' 2소절 악보를 자세히 살펴보면 '아빠 곰은 뚱뚱해'에 해당하는 2마디가 '엄마 곰은 날씬해'에 해당하는 2마디와 똑같이 반복되고 있습니다. 따라서 2소절 악보를 프로그래밍을 할 때는 2마디만 프로그래밍한 후 ↻반복 블록 꾸러미의 (반복 □회 실행) 블록을 (반복 2회 실행)으로 바꾸어 사용하면 아래와 같이 보다 간단하게 프로그래밍할 수 있습니다.

STEP 02 ▸ 3소절 악보 프로그래밍하기

아래의 '곰 세 마리' 3소절 악보를 보고 음과 박자를 확인한 후 프로그래밍해 봅시다.

▶ '곰 세 마리' 3소절 악보

가사	음		박자	프로그래밍
아	솔	Middle G	1	솔 1 박자 출력
기	솔	Middle G	1	솔 1 박자 출력
곰	미	Middle E	1	미 1 박자 출력
은	도	Middle C	1	도 1 박자 출력
너	솔	Middle G	1/2	솔 1/2 박자 출력
무	솔	Middle G	1/2	솔 1/2 박자 출력
귀	솔	Middle G	1/2	솔 1/2 박자 출력
여	라	Middle A	1/2	라 1/2 박자 출력
워	솔	Middle G	2	솔 2 박자 출력
으	(높은) 도	High C	1	높은 도 1 박자 출력
쓱	솔	Middle G	1	솔 1 박자 출력
으	(높은) 도	High C	1	높은 도 1 박자 출력
쓱	솔	Middle G	1	솔 1 박자 출력
잘	미	Middle E	1	미 1 박자 출력
한	레	Middle D	1	레 1 박자 출력
다	(가운데) 도	Middle C	2	도 2 박자 출력

STEP 03 **'곰 세 마리' 연주 연결하기**

위에서 작성한 1, 2, 3소절 악보 블록을 순서대로 연결해 봅시다. 각 소절을 쉽게 연결하기 위해 프로그래밍이 된 각 소절을 묶음으로 지정할 수 있습니다.

묶음을 만들기 위해서는 우선 묶음을 정의해야 합니다. $f(x)$ **함수** 블록 꾸러미에서 함수 만들기 버튼을 누른 후 '1소절'이라고 입력한 후 '확인' 버튼을 누릅니다. 2~3소절 묶음도 같은 방법으로 만들 수 있습니다.

새 함수 이름:

1소절

확인 ✓ 취소 ✗

이제 본격적으로 각 소절 묶음을 내용을 채우기 위해 $f(x)$ 함수 블록 꾸러미에서 〔함수 호출〕 블록을 꺼내고, 각 소절에 맞는 연주 블록들을 채워 주세요.

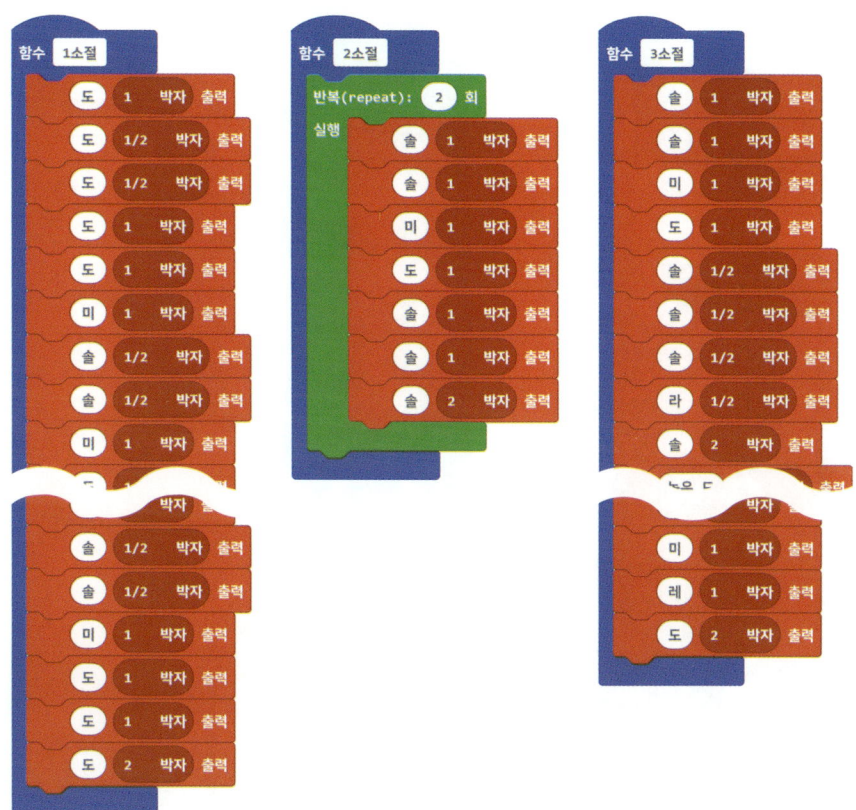

$f(x)$ 함수 블록 꾸러미에서 각 소절에 해당하는 〔함수 호출〕 블록들을 ⊙ 입력 블록 꾸러미의 〔□ 누르면 실행〕 블록 안에 차례대로 넣어서 '곰 세 마리' 연주 프로그램을 완성해 봅시다.

마이크로비트의 〈버튼 A〉를 눌러 프로그램이 제대로 동작하는지 실행합니다. 정상적으로 잘 연주되나요? '곰 세 마리' 연주 프로그램을 완성하였다면 멜로디 카드를 만들어 친구에게 선물해 봅시다.

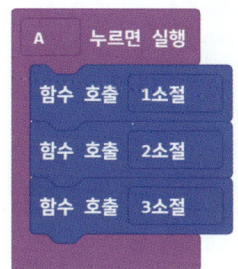

2. 소리 프로젝트

> STEP 04   완성된 코드 확인하기

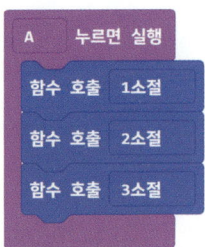
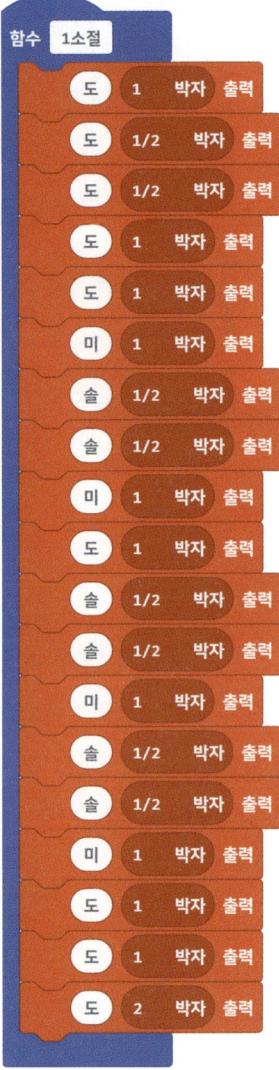

✅ 프로젝트 돌아보기

정리하기

▶ 마이크로비트에서 원하는 음과 박자를 출력하려면 어떤 블록을 사용해야 하나요?

▶ 특정한 블록들을 반복해서 연결해야 할 때, 좀 더 간단히 만들어 주는 블록은 무엇인가요?

프로젝트 주요 블록

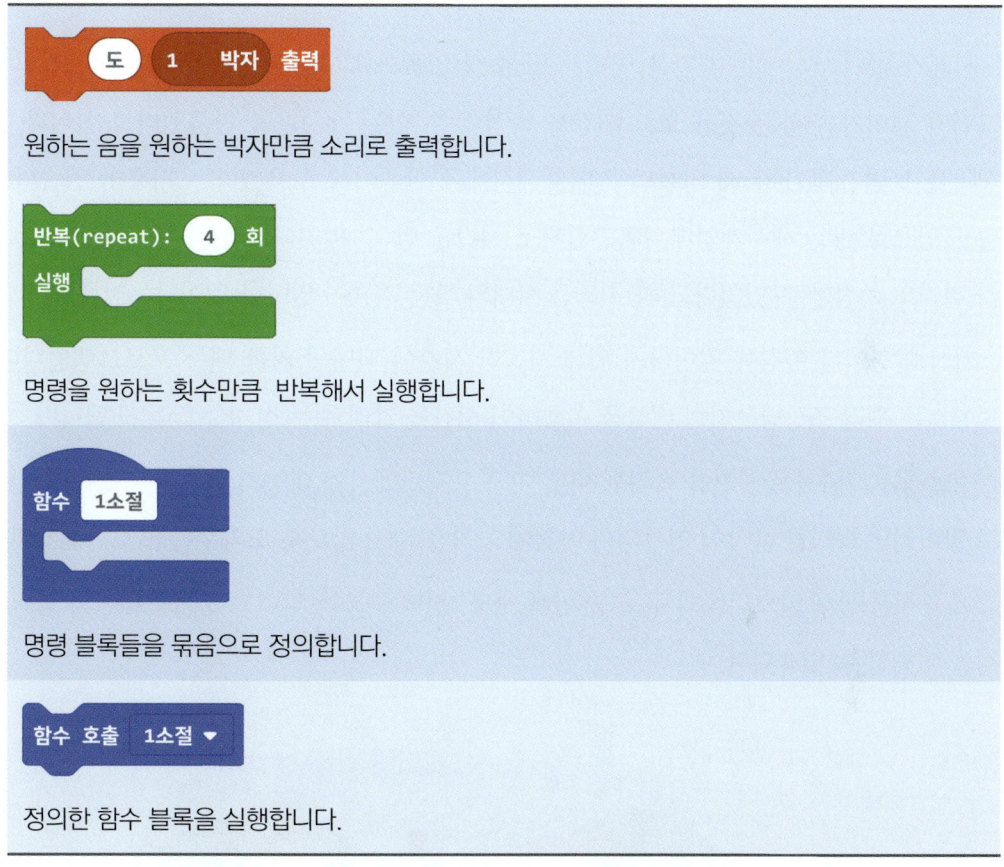

원하는 음을 원하는 박자만큼 소리로 출력합니다.

명령을 원하는 횟수만큼 반복해서 실행합니다.

명령 블록들을 묶음으로 정의합니다.

정의한 함수 블록을 실행합니다.

2 · 소리 프로젝트

굿모닝 알람 장치 만들기

 프로젝트 미리보기

　시계가 없던 옛날에는 시간을 어떻게 알 수 있었을까요? 하루 동안의 태양의 움직임에 따라 나무의 그림자 길이가 변하는 것을 보고 시간을 측정할 수 있는 해시계를 만들었다고 합니다. 또한 조선왕조실록을 보면 세종대왕 때 앙부일구라는 해시계를 만들어서 사용했다는 기록이 있습니다. 앙부일구는 솥 모양으로 만든 해시계인데, 해 그림자로 시간을 알 수 있었다고 합니다. 앙부일구는 시간뿐만 아니라 절기도 측정할 수 있었다고 하니 조선 시대의 과학 기술이 얼마나 뛰어났는지를 짐작할 수 있습니다.

　기상 알람이란 아침에 일어나기 위해 지정한 시간이 되면 소리를 내는 프로그램입니다. 이번 프로젝트에서는 우리 조상님들처럼 태양을 이용하여 시간을 알려 주는 장치를 만들게 됩니다.

　옛날에는 그림자로 시간을 측정했지만, 이 프로젝트에서는 태양의 밝기를 측정하여 일정 수준 이상으로 밝아지면 모닝콜 음악이 연주되어 아침에 늦잠을 자지 않도록 도와주는 프로그램입니다.

　이 과정을 통해 알고리즘의 구조 중 반복 구조, 선택 구조를 익히고 소프트웨어의 입력, 처리, 출력 과정을 이해할 수 있습니다.

마이크로비트에서 연주되는 알람 음악은 내장된 멜로디를 이용하거나 내가 직접 음악을 만들어서 이용할 수도 있습니다. 알람의 시각적 효과를 주기 위해서 음악이 시작될 때 마이크로비트의 LED 스크린에 음표 이미지가 나타나도록 만들어 봅시다.

▶ 프로젝트 완성 작품

프로젝트 준비하기

굿모닝 알람 장치를 만들기 위해서는 우선 마이크로비트 1대와 건전지, 건전지 케이스 1개, 집게 전선 2개가 필요합니다. 또, 소리를 출력하기 위해서 피에조 버저나 스피커, 또는 이어폰이 1개 필요합니다.

어떤 모양의 알람 장치를 만들지 머릿속에 상상해 보고, 그에 따라 필요한 꾸미기 재료를 준비해 봅시다.

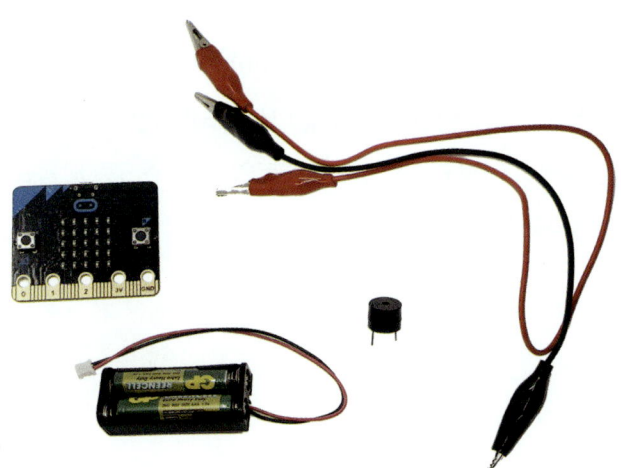

▶ 마이크로비트와 재료 모음

프로젝트 설계하기

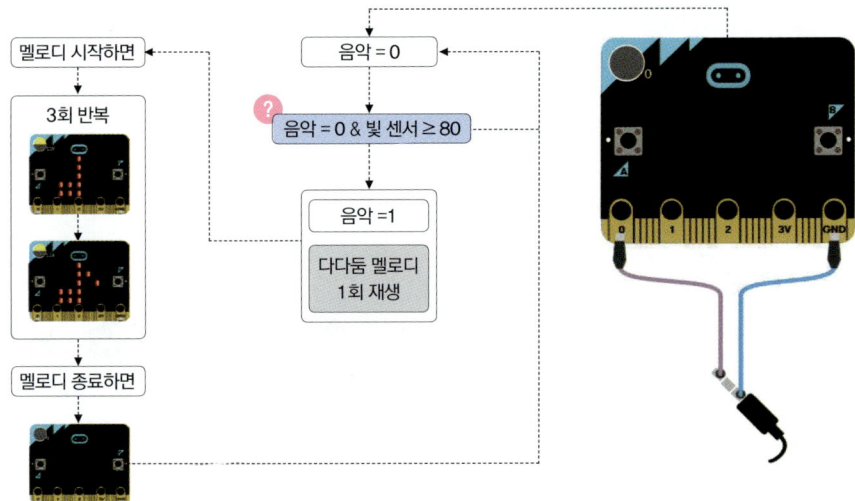

굿모닝 알람 프로그램 만들기

굿모닝 알람 프로그램은 마이크로비트가 주변의 밝기를 계속 감지하고 있다가 주변 밝기가 일정 수준 이상이 되면 알람 음악이 연주되는 프로그램입니다. 그렇다면 빛의 양이 어느 정도 이상이 되어야 음악을 연주하도록 프로그래밍을 해야 할지 생각해 봅시다. 먼저 아침에 일어나는 시간의 내 방의 빛의 양을 직접 측정해 보고 알람이 울려야 하는 빛의 양을 얼마 이상으로 할 것인지를 정해야 합니다.

빛의 밝기를 측정하려면 밝기를 측정하는 도구가 있어야 합니다. 빛의 밝기를 측정하는 도구를 '조도 측정 도구'라고 합니다. 빛의 밝기가 일정 값 이상이 되면 음악이 연주되며 알람을 울리도록 만들어 봅시다. 또, 음악이 시작되면 마이크로비트의 LED 스크린에 음표 이미지가 반복되어 나타나도록 프로그래밍해 봅시다.

| STEP 01 | **조도 측정 프로그램 만들기**

마이크로비트에는 빛의 밝기를 측정할 수 있는 센서가 5×5 LED 스크린의 안쪽에 있습니다. 이 센서를 이용하여 빛의 밝기를 측정하는 프로그램을 만들어 보겠습니다.

빛의 밝기는 장소나 위치에 따라 다 다릅니다. 빛의 밝기를 필요할 때에만 알아보고 싶으면 ⦿**입력** 블록 꾸러미의 〔□ 누르면 실행〕 블록이나 〔움직임 감지하면 실행 □〕 블록 등을 이용하여 필요할 때에만 측정 프로그램이 동작하도록 만들 수 있습니다.

⦿**입력** 블록 꾸러미의 〔빛센서 값〕 블록을 이용합니다. 이렇게 측정한 빛의 밝기를 숫자로 확인하려면 어떻게 해야 할까요? **기본** 블록 꾸러미의 〔수 출력 □〕 블록을 이용하여 마이크로비트의 5×5 LED 스크린에 숫자로 밝기를 출력시켜 확인할 수 있습니다.

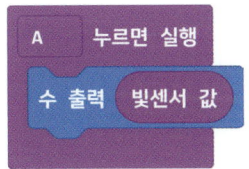

빛의 밝기를 계속해서 확인하고 싶나요? **기본** 블록 꾸러미의 〔무한 반복 실행〕 블록을 이용하면 빛의 밝기 변화를 계속해서 측정하는 프로그램을 만들 수 있습니다.

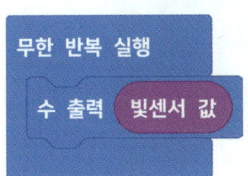

완성한 조도 측정 도구를 이용하여 아침에 일어났을 때의 내 방 조도를 측정해 봅시다. 지금보다 더 빨리 일어나야 한다면 측정한 숫자보다 좀 더 낮게 기준값을 잡으면 됩니다. 반대로 좀 더 늦게 일어나도 된다면 측정한 숫자보다 좀 더 높게 기준값을 잡으면 됩니다.

콕콕 포인트 | 밝기의 정도

마이크로비트에서는 빛의 밝은 정도를 0에서 255까지의, 총 256단계로 구분하고 있습니다. 마이크로비트는 인식할 수 있는 가장 밝은 빛의 밝기를 255로 표현합니다. 빛의 밝기가 약해질수록 빛의 밝은 정도를 나타내는 숫자도 낮아집니다. 가장 어두울 때를 0으로 합니다.

시뮬레이터 왼쪽 위에 있는 동그라미 안을 위나 아래로 드래그하여 빛의 밝은 정도를 바꿀 수 있습니다. 동그라미 안을 마우스로 클릭한 후 위쪽 방향으로 드래그하면 빛의 밝기를 나타내는 숫자가 점점 낮아지고 마우스를 아래쪽 방향으로 드래그하면 빛의 밝기를 나타내는 숫자가 점점 커집니다.

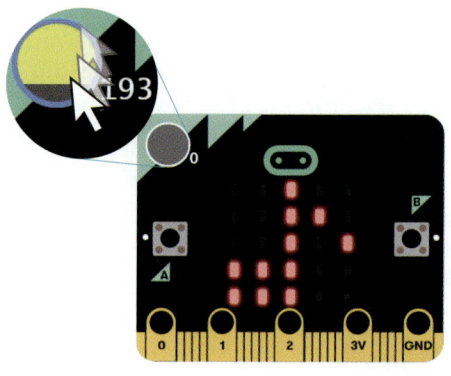

| STEP 02 | **기상 시간 빛 측정하기**

굿모닝 알람 프로그램은 내 방에 들어오는 태양 빛의 밝기를 계속해서 측정하고 있다가 평상시 내가 일어날 때의 태양 빛의 밝기와 같거나 커지면 멜로디가 반복해서 연주되는 프로그램입니다.

방 안으로 들어오는 태양 빛의 밝기는 계속해서 변합니다. 따라서 빛의 밝기는 한 번만 측정하는 것이 아니라 계속해서 측정해야 합니다. 프로그램을 반복해서 계속 실행하기 위해서는 ▦ 기본 블록 꾸러미의 (무한 반복 실행) 블록을 이용합니다. 또한 빛 센서로 빛의 밝기를 측정하기 위해 ⤭ 논리 블록 꾸러미의 (만약(if) □ 이면(then) 실행) 블록과 크기를 비교할 때 사용하는 (□ < □) 블록을 살펴보겠습니다.

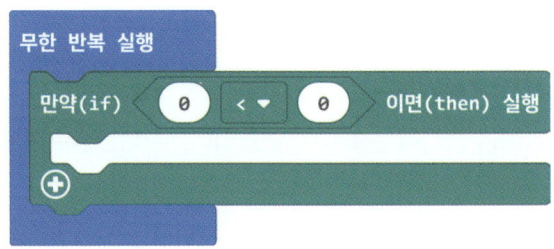

⤭ 논리 블록 꾸러미의 (□ < □) 블록의 숫자를 클릭하면 ⦿ 입력 블록 꾸러미의 (빛센서 값) 블록을 끼워 넣거나 다른 숫자를 입력할 수 있습니다.

또 (□ < □) 블록의 < 부분을 클릭하면 크기를 비교할 수 있는 다양한 기호가 알림 창으로 나타납니다. 평상시 아침에 일어나야 하는 시간의 내 방 밝기가 80이라면 빛 센서를 통해 측정한 빛의 밝기가 80보다 크거나 같을 때 프로그램을 작동하게 만들어야 합니다.

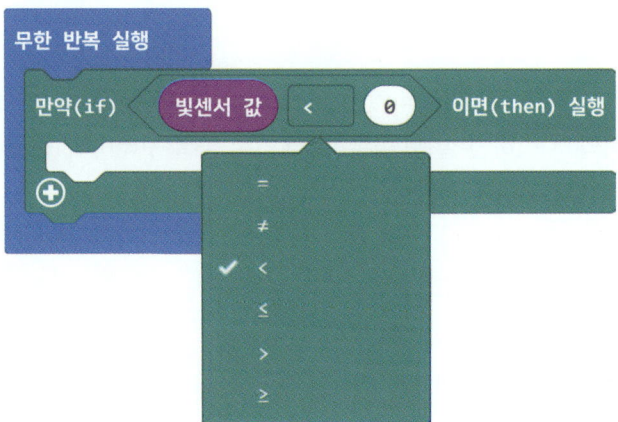

아침에 일어났을 때의 내 방의 조도 값을 직접 측정한 후 적용해 봅시다.

| STEP 03 | 내장된 멜로디 재생하기

만약 빛 센서를 통해 측정한 빛의 밝기가 80과 같거나 크다면 내장 멜로디가 실행되어야 합니다. 이번엔 🎧소리 블록 꾸러미의 〔□ 멜로디 □ 출력〕 블록을 사용합니다.

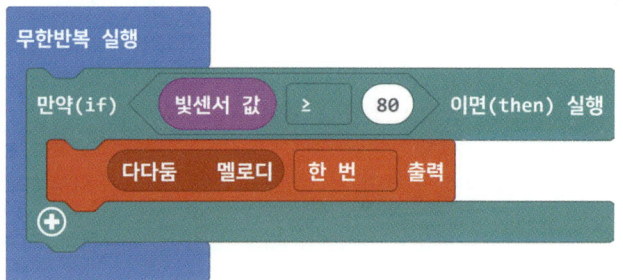

| STEP 04 | 멜로디 멈추기

다음으로 할 일은 태양 빛의 밝기가 80보다 작을 때에는 멜로디를 멈추도록 만들어야 합니다. 그런데 마이크로비트에는 음악을 중지하는 블록이 없습니다. 우리는 변수를 사용해서 이 문제를 해결해 봅시다.

먼저, ≡변수 블록 꾸러미의 '변수 만들기'을 선택하여 '음악'이라는 변수를 추가합니다.

'음악'이라는 변수를 만들면 ≡변수 블록 꾸러미 안에 변수와 관련된 블록이 생겨납니다. ⋮⋮⋮기본 블록 꾸러미의 〔시작하면 실행〕 블록과 ≡변수 블록 꾸러미의 〔음악에 □ 저장〕 블록을 선택하여 숫자 0을 저장합니다.

음악이 재생 중에는 반복 실행으로 인하여 처음부터 다시 시작되지 않도록, '빛 센서를 통해 측정한 빛의 밝기가 80과 같거나 크다면' 이라는 조건에 하나의 조건을 더 추가해 봅시다. ✂ 논리 블록 꾸러미의 ▱ 그리고(and) ▱ 블록을 이용하면 조건을 추가할 수 있습니다.

음악이 멈췄을 때는 음악 변수의 값을 0으로 정하고, 음악이 재생 중일 때에는 음악 변수의 값을 1로 정합니다.

그리고 음악이 멈췄을 때만 음악이 실행될 수 있도록, 조건문에 '음악 변수 안에 숫자 0이 있다면' 이라는 조건을 하나 더 추가한 다음 다다둠 멜로디를 출력한 후, 음악이 재생중임을 알리기 위해 '음악' 변수의 값을 숫자 1로 저장하면 됩니다.

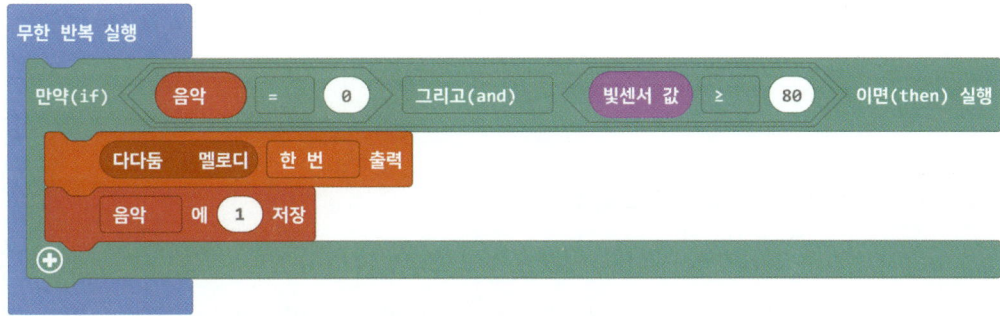

이것은 '음악' 변수에 숫자 0이 저장되어 있으면서 빛의 밝기가 80과 같거나 크다면 멜로디를 연주하라는 뜻입니다. 그리고 음악 재생이 끝나면 '음악' 변수에 다시 숫자 0을 저장하게 됩니다. '음악' 변수에 저장되어 있는 숫자가 0이 아니라면 더 이상 위의 조건을 만족하지 않게 되기 때문에 프로그램이 무한 반복 실행에서 빠져나올 수 있게 됩니다.

연주가 끝나면 음악의 종료를 알리기 위해 〔□ 감지하면 실행〕 블록의 □ 옵션을 눌러 멜로디 종료를 선택합니다. 그리고 '음악' 변수에 숫자 0을 저장하고 〔LED 스크린 지우기〕 블록을 추가합니다.

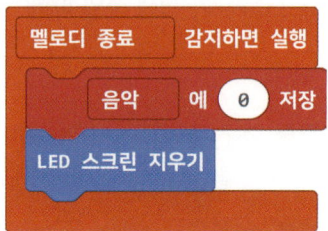

멜로디가 종료되면 '음악' 변수에 저장되어 있던 숫자가 1에서 0으로 바뀌게 됩니다. 이때 빛의 밝기도 80과 같거나 80보다 크다면 멜로디가 다시 연주됩니다.

STEP 05   LED로 이미지 나타내기

이번에는 마이크로비트에서 음악이 연주되면 마이크로비트의 LED 스크린에 음표 이미지를 3회 반복되어 나타나도록 만들어 봅시다. 마이크로비트에서는 '음악이 연주되면' 이라는 조건은 🎧소리 블록 꾸러미의 〔□ 감지하면 실행〕 블록을 이용하여 나타낼 수 있습니다.

음표 이미지는 ⋮⋮⋮ 기본 블록 꾸러미의 〔LED 출력〕 블록을 이용하여 직접 만들거나 ⋮⋮⋮ 기본 블록 꾸러미의 〔아이콘 출력 □〕 블록의 옵션을 클릭하면 마이크로비트에서 미리 만들어 둔 다양한 아이콘 이미지들을 사용할 수 있습니다. 4분 음표 아이콘과 8분 음표 아이콘을 각각 선택합니다. 〔반복(repeat): □회 실행〕 블록을 사용하여 3회 반복하게 프로그래밍한 후, 이를 🎧소리 블록 꾸러미의 〔멜로디 시작 감지하면 실행〕 블록 안에 넣습니다.

| STEP 06 | 완성된 코드 확인하기

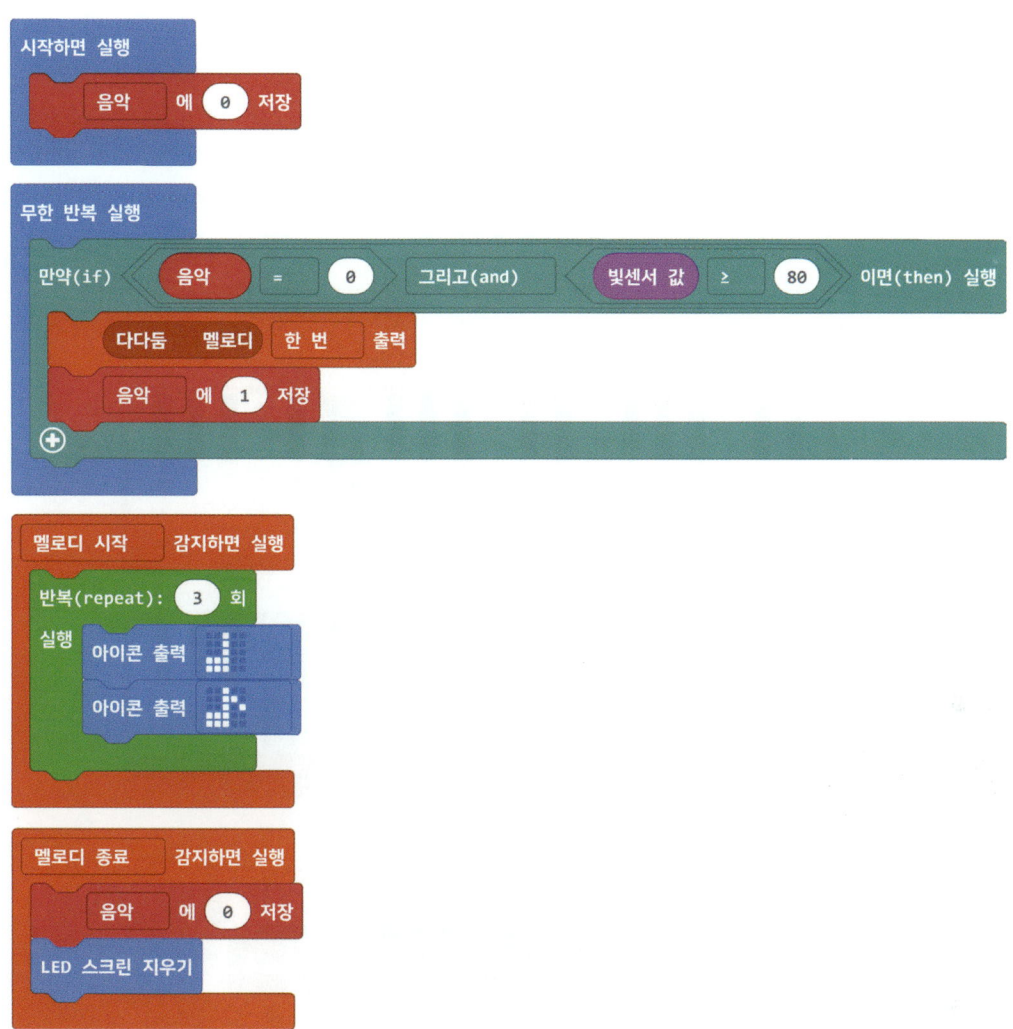

2. 소리 프로젝트

> 프로젝트 업그레이드 : 직접 만든 음악으로 알람 울리기

STEP 01 음계 설정하기

굿모닝 알람 프로그램에서 사용한 내장 멜로디 대신 직접 만든 음악을 넣을 수도 있습니다.

이번엔 구급차의 사이렌 소리를 넣어 봅시다. 음계는 높은 도와 높은 미를 사용해서 간단히 만들 수 있습니다. 소리 블록 꾸러미의 (□ □박자 출력) 블록에서 높은 도와 높은 미를 각각 선택하면 다음과 같습니다.

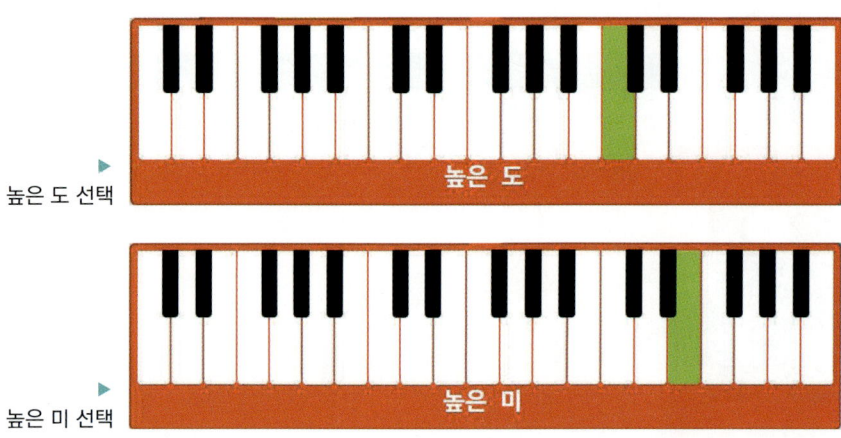

▶ 높은 도 선택

▶ 높은 미 선택

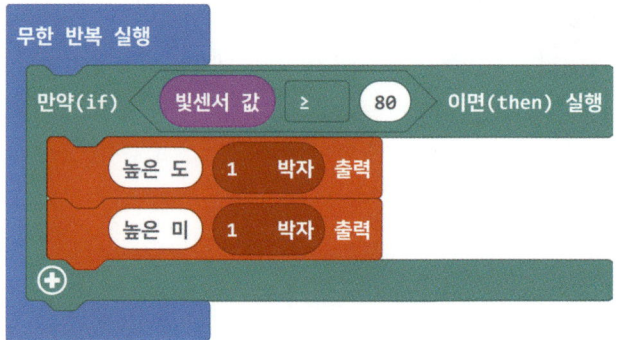

STEP 02 현재 빠르기 확인하기

지금 재생되는 음악의 빠르기를 알고 싶으면 🎧소리 블록 꾸러미의 (현재 빠르기(분당 박자 개수)) 블록을 이용하여 확인할 수 있습니다. 마이크로비트의 〈버튼 A〉를 눌렀을 때 현재 음악의 빠르기가 5×5 LED 스크린에 숫자로 출력되도록 만들어 봅시다.

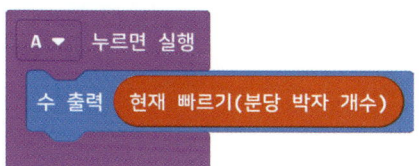

STEP 03 빠르기(분당 박자 개수) 설정하기

음악의 재생 속도를 빠르게 설정하면 긴박한 느낌이 들어 잠을 깰 때 도움이 됩니다. 마이크로비트에서는 음악이 기본적으로 120의 빠르기로 재생됩니다. 그렇다면 지금보다 더 빠르게 음악을 연주하려면 어떻게 하면 좋을까요?

🎧소리 블록 꾸러미의 (빠르기(분당 박자 개수)를 □으로 설정) 블록을 이용하면 음악의 빠르기를 조정할 수 있습니다. (빠르기(분당 박자 개수)를 □으로 설정) □ 부분을 클릭하여 숫자를 더 높게 입력하거나 마우스로 바를 오른쪽으로 옮기면 재생되는 음악의 빠르기를 더 빠르게 바꿀 수 있습니다. 빠르기를 200으로 설정해 봅시다.

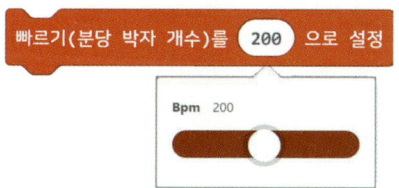

2. 소리 프로젝트

STEP 04 완성된 코드 확인하기

```
무한반복 실행
    만약(if) < 빛센서 값 > 80 > 이면(then) 실행
        빠르기(분당 박자 개수)를 200 으로 설정
        높은 도 1 박자 출력
        높은 미 1 박자 출력
```

```
A ▼ 누르면 실행
수 출력 ( 현재 빠르기(분당 박자 개수) )
```

✓ 프로젝트 돌아보기

정리하기

▶ 마이크로비트에서 빛의 밝기를 측정하는 센서를 사용하려면 어떤 블록을 사용해야 하나요?

▶ 멜로디를 시작할 때 명령을 실행하려면 어떤 블록을 사용해야 하나요?

프로젝트 주요 블록

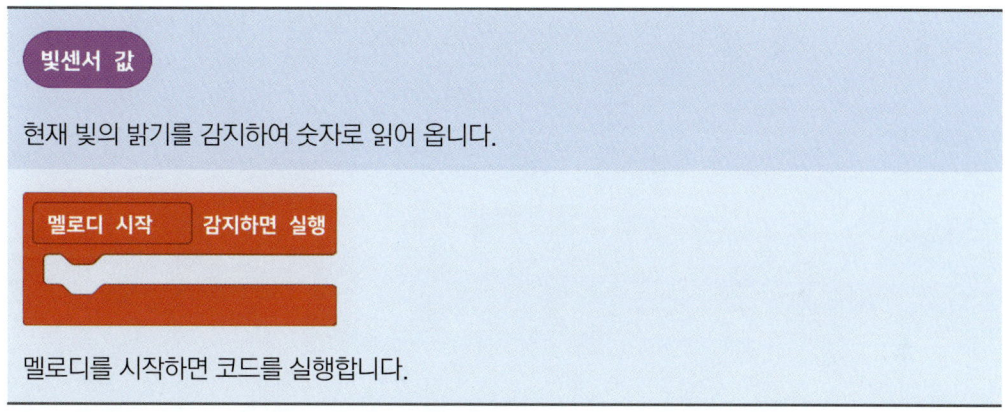

PART 3

숫자 프로젝트

01 곱셈 구구 만들기
02 숫자 카운터 만들기
03 에그 타이머 만들기

PROJECT 01 곱셈 구구 만들기

3 · 숫자 프로젝트

프로젝트 미리보기

2×1=2, 2×2=4, 2×3=6, … 학교에서 곱셈 구구(구구단)를 배운 기억이 나나요? 초등학교 저학년 학생들은 곱셈 구구를 외우기 위해 2단부터 9단까지 열심히 공부합니다. 처음엔 너무 어려워서 자주 틀리기도 하고 기억이 나지 않을 때도 있습니다. 이번 프로젝트의 목적은 마이크로비트로 곱셈 구구의 원리를 알아보고, 직접 곱셈 구구 프로그램을 만들어 보는 것입니다. 나아가 곱셈 구구를 외우고 있는 동생들과 친구들에게 도움을 줄 수 있다면 어떨까요?

곱셈 구구 프로그램은 2단부터 9단 중에서 내가 원하는 곱셈 구구를 출력하는 프로그램입니다. 마이크로비트 한 개만 있으면 쉽게 만들 수 있습니다. 마이크로비트로 쉽고 편하게 곱셈 구구를 외워 봅시다.

마이크로비트의 〈버튼 A〉를 누르면 2단부터 9단까지 선택을 할 수 있으며, 〈버튼 B〉를 누르면 선택된 단의 곱셈 구구를 출력하게 됩니다.

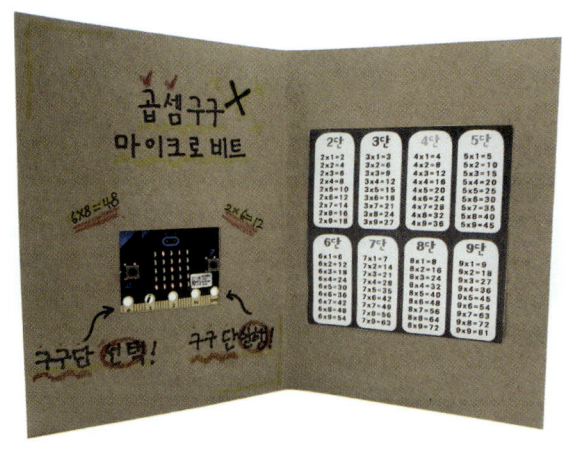

▶ 프로젝트 완성 작품

프로젝트 준비하기

곱셈 구구 프로그램을 만들기 위해서는 마이크로비트 1대와 건전지, 건전지 케이스가 한 개 필요합니다. 좀 더 재미있게 만들기 위해 색종이, 폼보드 혹은 사인펜이나 색연필 등의 꾸미기 재료를 준비합니다.

▶ 마이크로비트와 재료 모음

프로젝트 설계하기

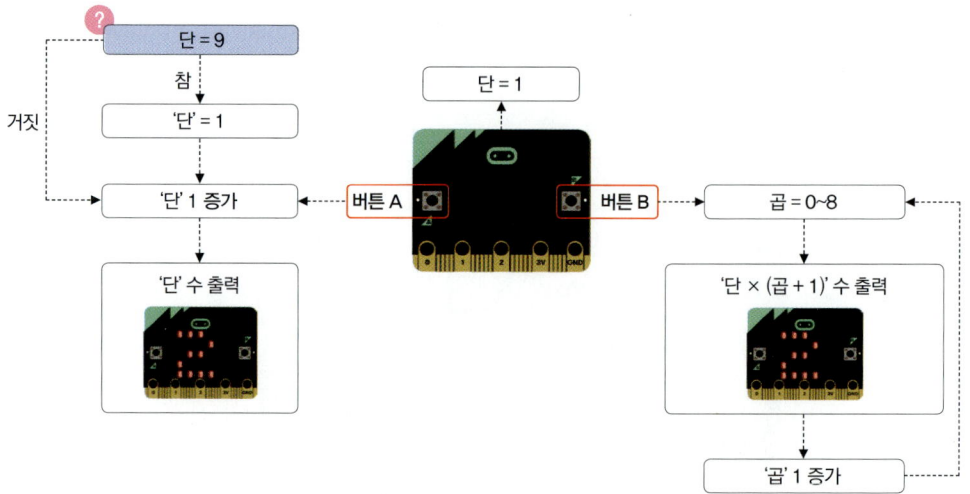

곱셈 구구 자동 2단 만들기

STEP 01 **곱셈 구구 변수 만들기**

먼저 곱셈 구구 프로그램을 만들기 위해 곱셈 구구 2단의 과정을 떠올려 봅시다.

곱셈 구구의 2단은 앞의 숫자 2가 변하지 않고, 뒤의 숫자는 1에서부터 9까지의 숫자로 바뀌면서 값이 달라집니다. 그 뒤의 숫자를 변수로 지정해야 합니다.

≡**변수** 블록 꾸러미에서 '변수 만들기'를 누르고 '곱'이라는 변수를 만듭니다.

곱셈 구구 2단은 숫자 2를 각각 1부터 9까지 곱하는 과정을 출력합니다.

〔반복(for): □ 값을 0~ □ 까지 1씩 증가시키며 실행〕 블록은 '곱'이라는 변수의 값을 0부터 시작하므로 9번을 반복하기 위해서는 숫자를 넣는 오른쪽 □ 안에 8을 넣습니다.

프로그램을 시작하면 '곱셈 구구' 변수가 0부터 8까지 1씩 증가할 때마다 블록 안의 명령을 반복하여 실행하게 됩니다.

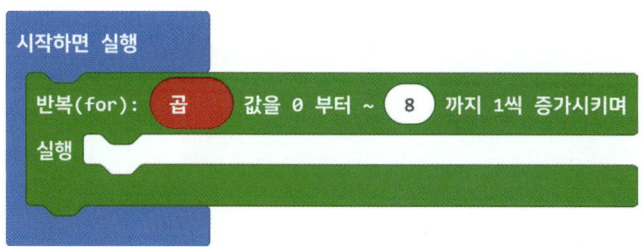

〔반복(for): □ 값을 0~ □ 까지 1씩 증가시키며 실행〕 블록은 컴퓨터 프로그래밍에서 **'for 루프'** 또는 **'for 반복문'** 이라고 불리는 반복문의 한 종류입니다. 블록 안에 있는 블록들이 반복적으로 수행될 수 있도록 합니다.

for는 실제 영어 표현의 '~ 하는 동안'에서 유래되었다고 하며, 다른 반복 블록과는 다르게 블록과 연결된 변수가 포함되어 있는 것이 특징입니다. 메이크코드의 마이크로비트 블록 에디터에서는 'index' 변수가 〔반복(for): □ 값을 0~ □ 까지 1씩 증가시키며 실행〕 블록의 기본으로 설정되어 있습니다. 이 장에서는 곱셈 구구 프로그램을 만들기 위해 'index' 변수 대신에 '곱' 변수를 사용하였습니다.

STEP 02 곱셈 구구 2단 출력하기

이제 반복을 통해 곱셈 구구 2단을 출력합니다. 2, 4, 6, …과 같이 숫자를 출력하기 위해서 (수 출력 □)이 필요합니다. 그리고 🁢 계산 블록 꾸러미의 (□ 곱하기(×) □) 블록으로 아래 그림처럼 만들 수 있습니다.

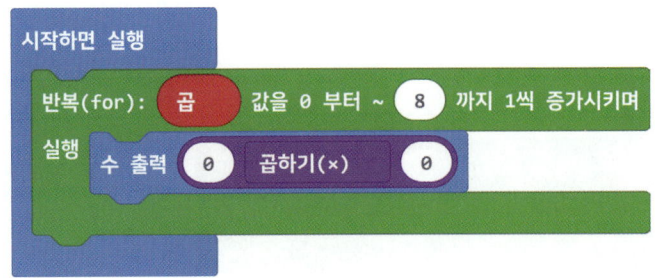

(반복(for): □ 값을 0~ □ 까지 1씩 증가시키며 실행) 블록이 0부터 시작하기 때문에 1부터 증가시키는 방법이 필요합니다. 따라서 아래 그림처럼 🁢 계산 블록 꾸러미의 (□ 더하기(+) □) 블록을 이용하여 '곱' 변수와 1을 넣습니다.

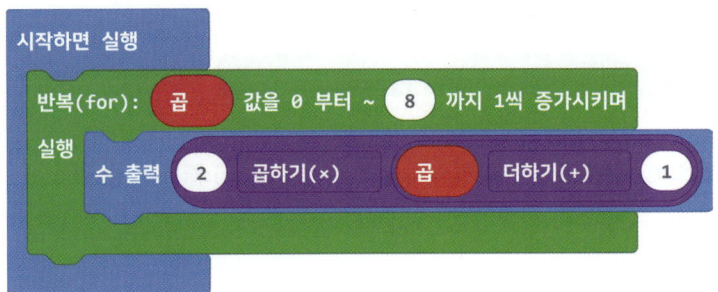

실행 결과를 확인하기 위해 시뮬레이터를 실행해보거나 마이크로비트에 직접 적용하여 확인해 봅니다. LED 스크린을 통해 2×1의 결과인 2부터 2×9의 결과인 18까지 결과를 차례대로 확인할 수 있습니다.

| STEP 03 | **버튼으로 눌러 시작하기**

(시작하면 실행) 블록을 아래 그림처럼 (□ **누르면 실행**)으로 바꾸면 버튼을 눌렀을 때 곱셈 구구 2단을 출력할 수 있습니다. 〈버튼 B〉를 눌렀을 때 곱셈 구구 2단이 출력될 수 있도록 만들어 봅시다.

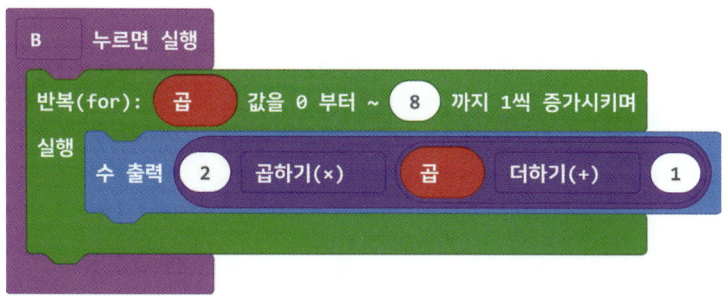

콕콕 포인트 | 곱셈 구구의 단과 곱?

곱셈 구구는 1단부터 9단까지 있으며 '단×곱'으로 이루어집니다. '단'의 숫자를 몇 번 곱하느냐에 따라 값이 달라집니다.

곱\단	1	2	3	...	9
1	1	2	3	...	9
2	2	4	6	...	18
3	3	6	9	...	27
...	...	...	...	...	...
9	9	18	27	...	81

3. 숫자 프로젝트

나머지 곱셈 구구 모두 만들기

STEP 01   단 선택하기

이번에는 2단부터 9단까지의 곱셈 구구를 출력하기 위해 '단' 변수를 추가합니다.

처음에는 '단' 변수의 값을 1로 저장합니다. 마이크로비트의 버튼을 누를 때마다 '단' 변수가 1씩 증가하면서 2단부터 9단까지를 선택할 수 있도록 만들기 위해서 입니다..

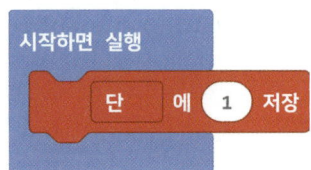

아래 그림처럼 ≡변수 블록 꾸러미의 〔□ 값 □ 증가〕 블록을 활용하여 〔단 값 1 증가〕 블록을 추가합니다. 〈버튼 A〉를 눌렀을 때 '단' 변수의 값을 증가시킬 수 있습니다. 그 다음 〔수 출력 □〕 블록으로 '단' 변수의 값을 확인할 수 있게 합니다. 시뮬레이터에서 〈버튼 A〉를 누를 때마다 '단' 변수의 값이 2, 3, 4, …와 같이 1씩 커지면서 LED 스크린에 출력되는 것을 확인할 수 있습니다.

> **콕콕 포인트** 블록 순서의 중요성
>
>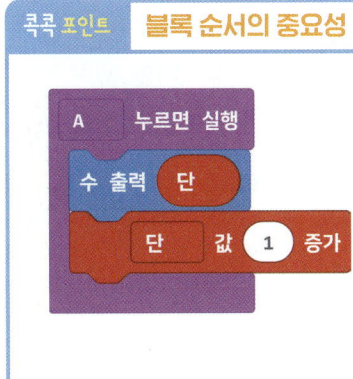
>
> (수 출력 □)와 (□ 값 □ 증가) 블록의 순서가 바뀌면 처음에 '단' 변수의 값을 1로 저장해 두었기 때문에 〈버튼 A〉를 눌렀을 때 2가 아닌 1부터 출력이 됩니다. 같은 블록을 사용하더라도 컴퓨터는 주어진 명령을 순서대로 처리하기 때문에 다른 결과가 나올 수 있다는 점을 유의하기 바랍니다.

STEP 02 9단에서 멈추기

만약 마이크로비트의 〈버튼 A〉를 계속 눌러 9까지 출력된 다음에는 어떻게 될까요? 직접 실행해 보면 9, 10, 11, 12, … 순으로 계속해서 숫자가 커집니다. 우리가 목표로 하는 곱셈 구구 프로그램은 2단에서부터 9단까지의 곱셈 구구이기 때문에 9단을 출력한 다음에는 2단으로 다시 돌아오도록 해야 합니다. 따라서 아래 그림처럼 ⤫ 논리 블록 꾸러미의 (만약(if) □ 이면 (then) 실행) 블록이 필요합니다.

이 블록을 사용하면 '단' 변수의 값이 9가 될 때 다시 '단' 변수가 1로 저장하여 항상 2단과 9단 사이를 반복할 수 있게 됩니다.

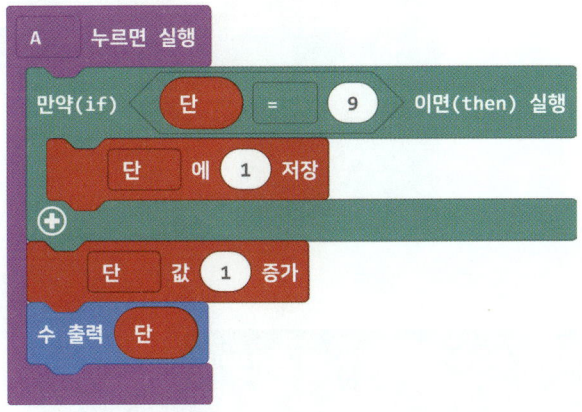

| STEP 03 | 곱셈 구구 완성하기

이제 곱셈 구구 2단을 만들었던 것과 같이 마이크로비트의 〈버튼 A〉로 선택한 '단'을 '곱' 변수의 값으로 곱해야 합니다. 곱셈 구구를 실행하는 것은 〈버튼 B〉를 활용합니다. 곱셈 구구 2단을 만들었을 때보다 '단' 변수가 추가되었지만, 숫자를 출력하고 곱하기를 사용한다는 점은 같습니다.

| STEP 04 | 완성된 코드 확인하기

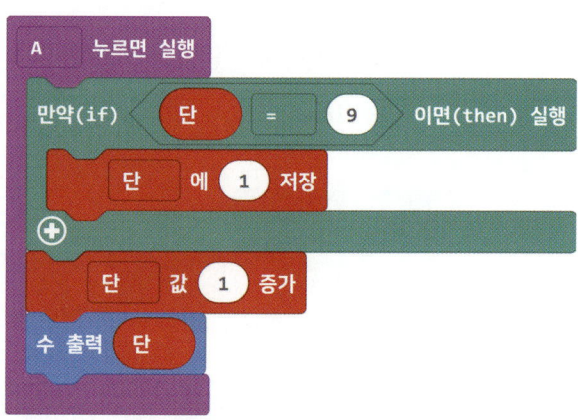

01 곱셈 구구 만들기

프로젝트 업그레이드 : 곱셈 구구 퀴즈 게임 만들기

우리가 만든 곱셈 구구 프로그램의 2단을 실행해보면, 2, 4, 6, 8, … 과 같이 곱셈 구구의 결과만을 보여줍니다. 이번에는 마이크로비트에서 곱셈 구구 프로그램을 응용하여 재미있는 곱셈 구구 퀴즈 게임을 만들어 봅시다.

STEP 01 **변수 만들기**

먼저 **변수** 블록 꾸러미에서 '단' 및 '곱' 변수를 만듭니다. 앞 프로젝트에서 이미 만든 경우에는 그대로 사용합니다.

STEP 02 곱셈 구구 퀴즈 만들기

〈버튼 A〉를 눌렀을 때 'a × b = ?' 와 같은 곱셈 구구 퀴즈가 나타나도록 만들어 봅시다. 여기에서 a의 값은 2~9 중 하나가, b의 값은 1~9중 하나가 나오도록 만들어 봅시다.

우선 ⊙입력 블록 꾸러미에서 〔□ 누르면 실행〕 블록을 꺼냅니다. 그리고 그 안에 ☰변수 블록 꾸러미의 〔□ 에 □ 저장〕 블록 두 개를 꺼내 하나는 '단' 변수로 바꾸고 다른 하나는 '곱'으로 변경한 다음 아래와 같이 붙입니다.

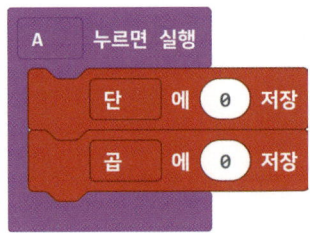

이어서 'a×b' 에서 a, b의 값을 1~9 중 하나의 랜덤 값으로 정하기 위하여 ▦계산 블록 꾸러미의 〔□부터 □까지의 정수 랜덤값〕 블록을 활용합니다. 아래 그림과 같이 0 값 대신 〔1부터 9까지의 정수 랜덤값〕 블록으로 만들면 a, b의 값을 1~9 중 무작위로 얻을 수 있습니다.

이제는 'a × b = ?' 라는 퀴즈를 LED 스크린에 출력하기 위해 〔수 출력 □〕 블록과 〔문자열 출력 □〕, 〔일시 중지 □ (ms)〕 블록을 아래와 같이 추가합니다. '단' 변수와 '곱' 변수는 숫자이기 때문에 〔수 출력 □〕 블록을, 그리고 '×', '=', '?'는 숫자가 아니기 때문에 〔문자열 출력 □〕 블록을 사용하여 나타냅니다. 그리고 각 숫자와 문자를 띄엄띄엄 보여주기 위해 수 출력과 문자열 출력 블록 사이에 〔일시 중지 500 (ms)〕 블록을 추가합니다.

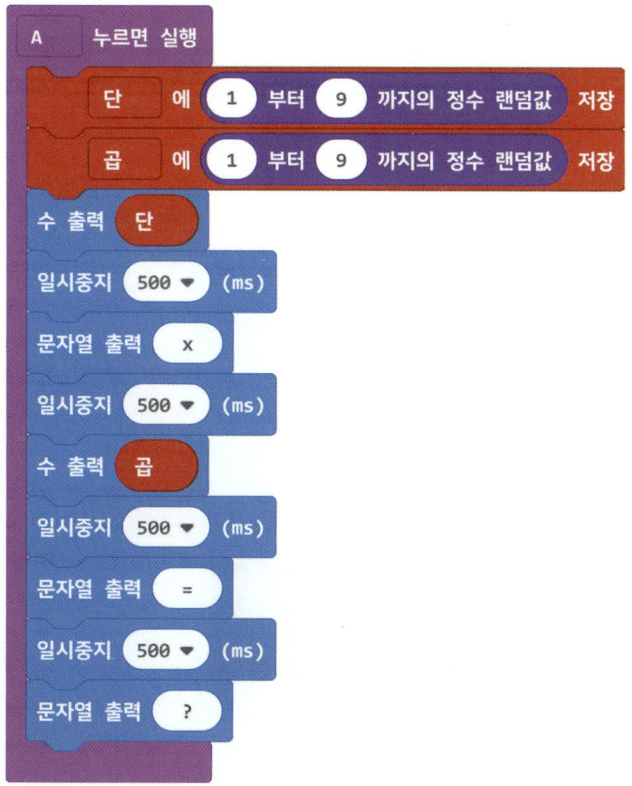

3. 숫자 프로젝트

STEP 03 곱셈 구구 퀴즈의 답 만들기

앞에서 프로그래밍한 것 같이 〈버튼 A〉를 누르면 'a × b = ?' 와 같은 곱셈 구구 퀴즈가 나타납니다. 이제는 〈버튼 B〉를 누르면 이 퀴즈에 대한 답이 나타나도록 프로그래밍해 봅시다.

우선 〈버튼 B〉를 누르면 작동할 수 있도록 (□ 누르면 실행)을 꺼냅니다. 이어서 답을 출력하기 전에 화면에 나타난 퀴즈 문제를 모두 지우기 위해 ▦ 기본 블록 꾸러미 바로 아래에 있는 … 더 보기 블록 꾸러미에서 (LED 스크린 지우기)를 추가한 후 아래와 같이 (수 출력 □) 블록과 (□ 곱하기(×) □) 블록을 활용하여 프로그래밍을 완성합니다.

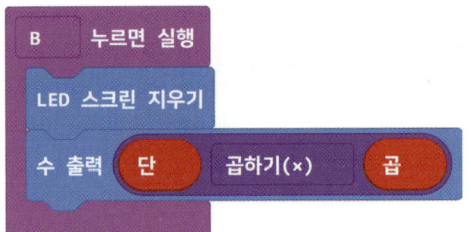

STEP 04 완성된 프로젝트

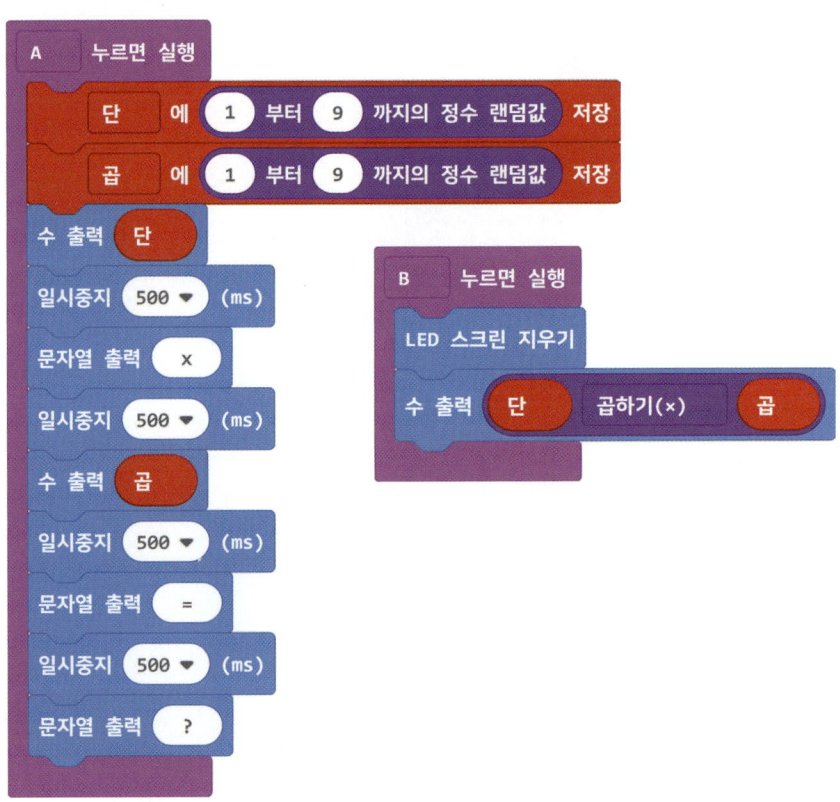

프로젝트 돌아보기

정리하기

▶ 곱셈 구구 프로젝트에서 마이크로비트의 버튼은 어떤 기능을 하나요?

▶ 〈버튼 A〉로 구구단을 2단부터 9단까지 나타내기 위해 무엇을 사용하나요?

프로젝트 주요 블록

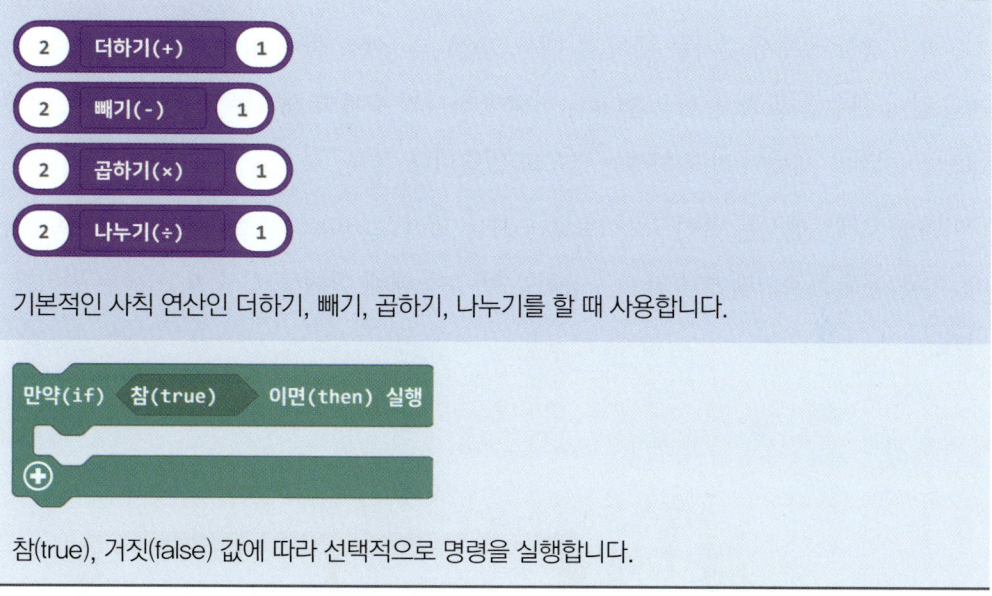

기본적인 사칙 연산인 더하기, 빼기, 곱하기, 나누기를 할 때 사용합니다.

참(true), 거짓(false) 값에 따라 선택적으로 명령을 실행합니다.

3 · 숫자 프로젝트

PROJECT 02 숫자 카운터 만들기

🔍 프로젝트 미리보기

우리는 생활 속에서 숫자를 세어 볼 때가 있습니다. 예를 들어 사람이 몇 명이 있는지 알아보거나, 지폐와 같이 매수를 셀 때도 사용합니다. 이렇게 하나씩 수를 더해가는 것과는 반대로 로켓이 발사되기 전에 남은 시간을 세듯이 거꾸로 세는 경우도 있습니다.

이번 프로젝트에서는 마이크로비트로 숫자를 세어 보거나 거꾸로 세어 보는 프로그램을 만들어 봅시다. 이를 통해 프로그램에서 자주 사용하는 변수에 대해 이해하고, 숫자를 세는 원리를 알아볼 수 있습니다.

120

오르락내리락 숫자 카운터 프로그램은 숫자를 셀 수 있는 상황이면 별다른 준비물이 없이도 어디서나 사용할 수 있습니다. 프로그램의 작동 방법은 간단합니다. 〈버튼 A〉를 눌러서 카운트다운을 할 만큼 숫자를 올리고, 〈버튼 B〉를 눌렀을 때는 올린 숫자에서 자동으로 카운트다운 하도록 구성하였습니다. 이를 위해 두 개의 변수를 사용하여 프로그램을 만들어 봅시다.

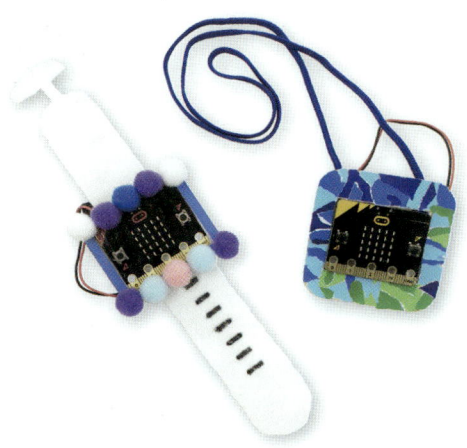

 프로젝트 완성 작품

프로젝트 준비하기

오르락내리락 숫자 카운터 프로그램을 만들기 위해서는 우선 마이크로비트 1대와 건전지, 건전지 케이스가 필요합니다. 그리고 마이크로비트에 끈을 연결하여 스톱워치 형태로 만들어 보거나, 부직포나 테이프 등을 이용하여 시계처럼 만들 수 있습니다.

▶ 마이크로비트와 재료 모음

프로젝트 설계하기

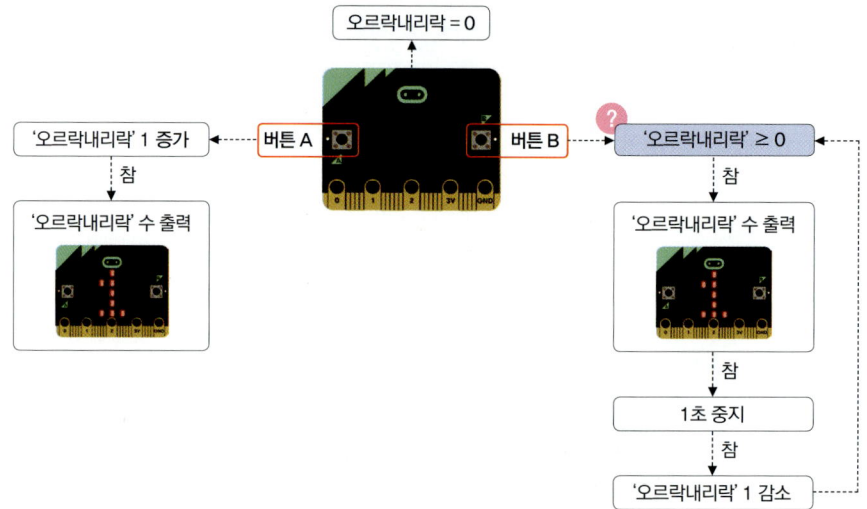

오르락내리락 숫자 카운터 만들기

오르락내리락 숫자 카운터 프로그램을 반복 구조인 (반복(while): □ 동안 실행) 블록을 활용하여 만들어 봅시다.

STEP 01 **오르락내리락 변수 만들기**

우선 ≡변수 블록 꾸러미에서 '오르락내리락' 변수를 만듭니다. 이 변수는 버튼을 눌렀을 때 숫자가 증가하거나 또는 감소하기 위해서 필요합니다.

STEP 02 오르락 기능 만들기

'오르락내리락' 변수의 값을 '0'으로 정하고 시작합니다. 그리고 〈버튼 A〉를 눌렀을 때 오르락 기능을 실행시키기 위해 '오르락내리락' 변수의 값을 '1'씩 증가시키고 동시에 출력되도록 합니다.

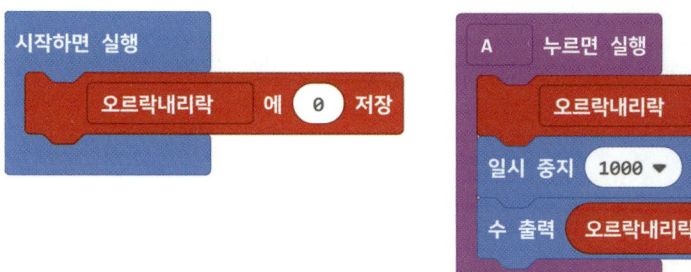

STEP 03 내리락 기능 만들기

로켓을 발사할 때를 떠올리면 발사버튼을 누르면 10, 9, 8, … 하는 식으로 자동 카운트다운이 됩니다. 같은 방법으로 〈버튼 A〉로 쌓아온 숫자를 〈버튼 B〉를 누를 때 1초의 간격을 가지고 자동으로 감소되도록 만들어 보겠습니다.

〈버튼 B〉를 눌렀을 때, 내리락 기능을 실행시키기 위해 (반복(while): □ 동안 실행) 블록을 사용하여 '오르락내리락' 변수의 값이 0보다 크거나 같을 때만 계속하여 반복하도록 합니다. 화면에 0보다 작은 값(-1, -2, -3, …)을 출력하지 않기 위해서입니다.

3. 숫자 프로젝트

그리고 아래 그림처럼 '오르락내리락' 변수의 값이 1초 간격으로 출력할 수 있도록 프로그램을 완성시킬 수 있습니다.

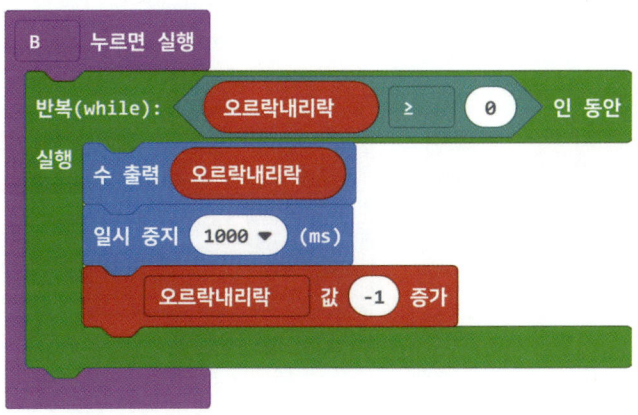

> **콕콕 포인트** 숨은 '게임 블록' 꾸러미
>
> 숨겨진 고급 메뉴의 🎮게임 블록 꾸러미에는 마이크로비트로 게임을 만들 때 쓸 수 있는 블록들이 있습니다. 그중에서 [게임 종료] 블록은 게임을 종료할 때 쓸 수 있게 만들어 둔 것인데, LED 스크린이 깜빡깜빡하면서 'GAME OVER'라는 문자를 출력합니다.
>
>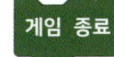
>
> 아래 그림처럼 오르락내리락 숫자 카운터 프로그램에 [게임 종료] 블록을 넣어 실행하면 카운트다운 후 'GAME OVER'를 출력할 수 있습니다.

STEP 04 완성된 코드 확인하기

3. 숫자 프로젝트

프로젝트 업그레이드 : 만보기 만들기

오르락내리락 숫자 카운터 프로그램을 응용하면 걸을 때마다 흔들림으로 감지하여 '오르락' 값이 쌓이는 만보기를 만들 수 있습니다.

STEP 01 **변수 만들기**

제일 먼저 변수 블록 꾸러미에서 '오르락' 및 '시작' 변수를 만듭니다. '오르락' 변수는 마이크로비트가 흔들릴 때마다 점수를 쌓기 위해서 만들고, '시작' 변수는 만보기가 시작되었는지 확인하기 위해서 만듭니다.

STEP 02 **점수 출력 기능 만들기**

시작과 동시에 '오르락' 값을 '0'으로 저장합니다. 그리고 〈버튼 A〉를 누르면 '시작' 변숫값을 '참(true)'으로 저장하고, '시작' 변수가 '참(true)'인 동안에 화면에 '오르락' 변숫값이 출력되도록 합니다.

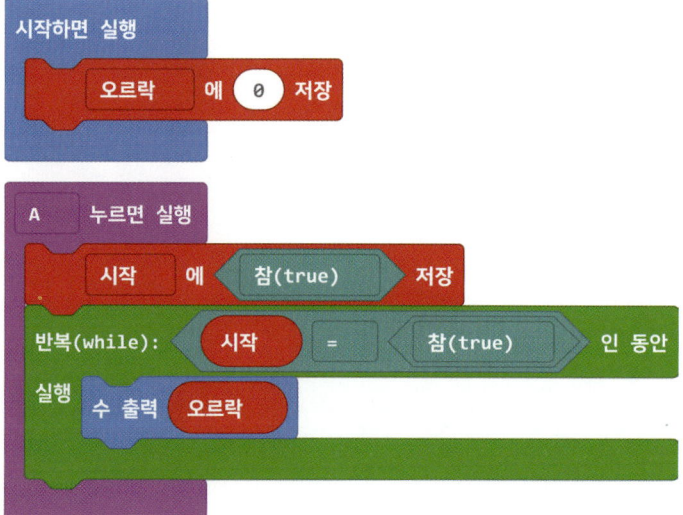

02 숫자 카운터 만들기

STEP 03 ### 만보기 기능 만들기

이제는 흔들림이 감지될 때에 '오르락' 변숫값이 '1'씩 증가되도록 만들어 봅시다. ◉입력 블록 꾸러미의 〔□ 감지하면 실행〕 블록을 꺼내 그 안에 〔오르락 값 1 증가〕 블록을 추가하면 됩니다.

최종 점수 확인 기능 만들기

STEP 04 〈버튼 B〉를 누르면 최종 점수를 확인하는 기능을 만들기 위해서, 우선 〈버튼 B〉를 누르면 점수가 더 쌓이지 않도록 '시작' 변수의 값을 '거짓(false)'으로 저장합니다. '시작' 변수의 값이 '참(true)'이면 마이크로비트를 흔들 때마다 화면에 점수가 나타나기 때문입니다.

이어서 숨겨진 고급 메뉴의 ⊕게임 블록 꾸러미에서 〔점수를 □ 으로 설정〕 블록을 꺼내 '0' 값을 '오르락' 변수로 둡니다. 그 아래에 마지막으로 〔게임 종료〕 블록을 붙이면 모든 프로그래밍이 완성됩니다.

〔게임 종료〕 블록을 넣으면 〈버튼 A〉와 〈버튼 B〉를 동시에 눌렀을 때 화면이 꺼지는 기능이 추가됩니다.

3. 숫자 프로젝트

STEP 05   **완성된 코드 확인하기**

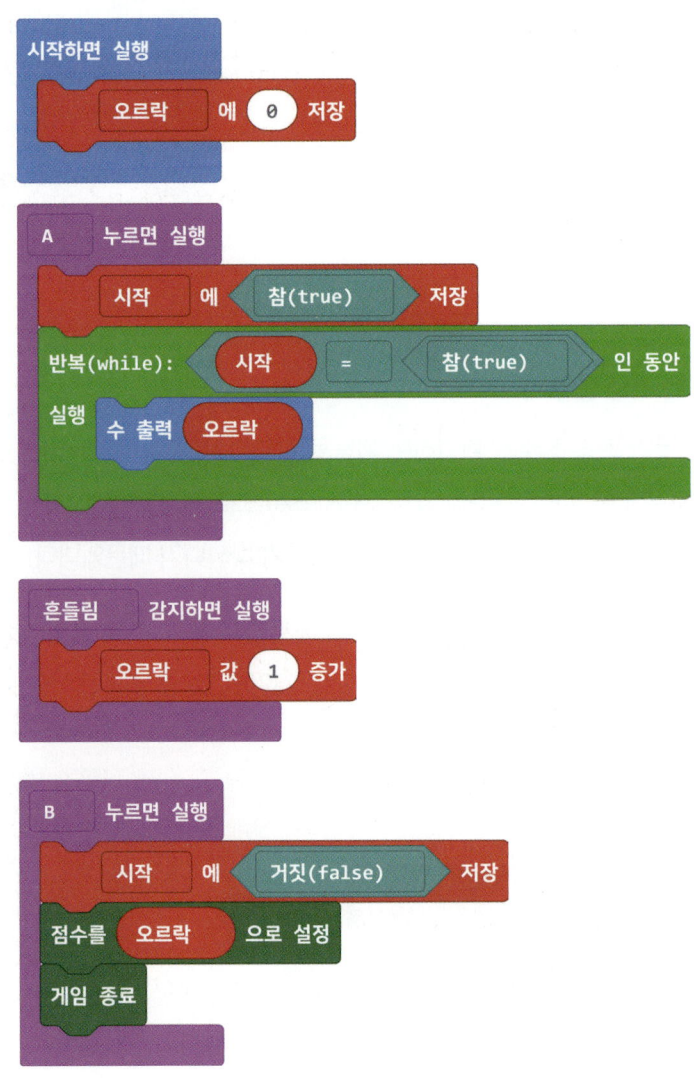

✓ 프로젝트 돌아보기

정리하기

- ▶ 오르락내리락 숫자 카운터 프로젝트에서 마이크로비트의 버튼은 어떤 기능을 하나요?
- ▶ 카운트다운을 작동했을 때, 0보다 작은 값이 출력되지 않으려면 어떻게 해야 하나요?
- ▶ 숫자 카운터다운이 1초마다 작동할 수 있도록 하는 블록은 무엇인가요?

프로젝트 주요 블록

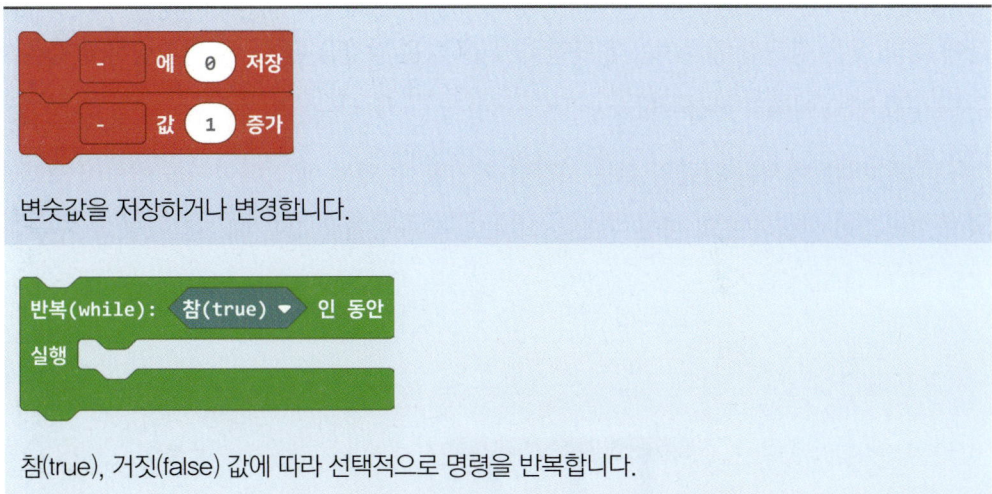

변숫값을 저장하거나 변경합니다.

참(true), 거짓(false) 값에 따라 선택적으로 명령을 반복합니다.

3 · 숫자 프로젝트

PROJECT 03 에그 타이머 만들기

🔍 프로젝트 미리보기

삶은 달걀을 먹을 때 완숙, 반숙이라는 표현을 들은 적이 있을 것입니다. 달걀을 물에 넣고 끓이는 시간에 따라 삶은 정도가 달라지는데 단단하게 잘 익은 달걀을 '완숙', 말랑말랑하고 촉촉하게 조금 덜 익은 달걀을 '반숙'이라고 부릅니다.

이번 프로젝트에서는 달걀의 삶는 시간을 확인할 수 있는 에그 타이머를 만들어 보겠습니다. 이를 통해 알고리즘의 선택 구조와 반복 구조를 익히고, 실제 달걀을 삶을 때 프로그램을 이용해 봅시다.

에그 타이머 프로그램은 완숙과 반숙의 두 가지 기능을 제공합니다. 프로그램의 작동 방법은 〈버튼 A〉를 눌렀을 때는 달걀의 삶기 정도를 선택하고, 〈버튼 B〉를 눌렀을 때는 타이머 기능을 실행합니다.

▶ 프로젝트 완성 작품

🛠 프로젝트 준비하기

에그 타이머 프로그램을 만들기 위해서는 우선 마이크로비트 1대와 건전지 케이스, 건전지가 필요합니다. 그리고 타이머 모양을 꾸미기 위한 재료와 채색 용품 등이 필요합니다.

▶ 마이크로비트와 재료 모음 사진

프로젝트 설계하기

완숙과 반숙 선택하기

STEP 01 **변수 만들기**

먼저 에그 타이머 프로그램을 만들기 위해 '달걀 삶기' 변수를 만들겠습니다. '달걀 삶기' 변수는 〈버튼 A〉를 눌렀을 때 완숙과 반숙을 선택하기 위해서 사용합니다.

| STEP 02 | 에그 타이머 시작하기

프로그램의 시작을 "EGG TIMER" 라는 문자로 출력하여 알려주고, '달걀 삶기' 변수의 기본 값을 '0'으로 저장합니다.

| STEP 03 | <버튼 A>로 완숙과 반숙 선택하기

'달걀 삶기' 변수의 값이 '1' 이면 완숙을, '2' 이면 반숙을 선택하기 위해서는 아래 그림처럼 ⤧ 논리 블록 꾸러미의 [만약(if) □ 이면(then) 실행 아니면(else) 실행] 블록이 필요합니다. 완숙을 표시하는 방법은 [LED 출력] 블록을 이용하여 다양하게 나타낼 수 있습니다. 이외에도 ⋮⋮⋮ 기본 블록 꾸러미의 다양한 출력 방법을 선택하여 다르게 표현할 수도 있습니다.

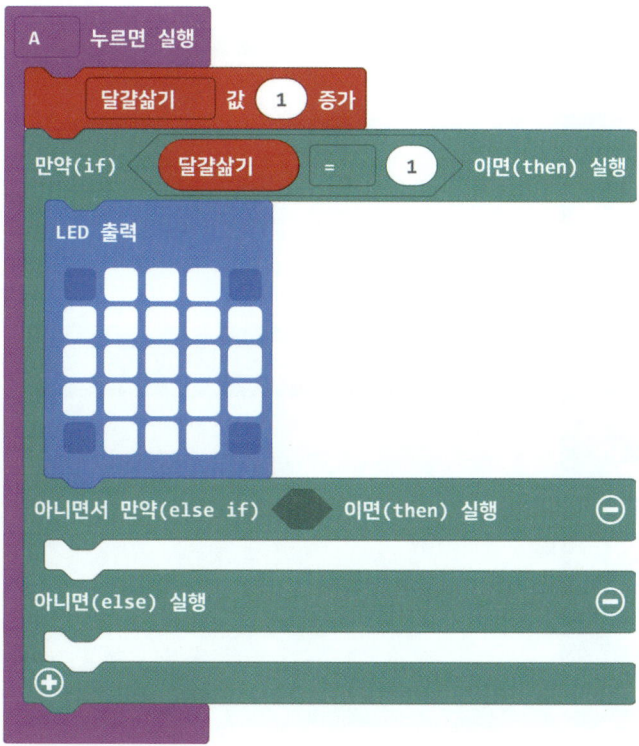

3. 숫자 프로젝트

> **콕콕 포인트** 〔만약(if) □ 이면(then) 실행 아니면(else) 실행〕 블록의 조건 추가하기
>
> 프로그램에 따라 조건의 수를 늘려야 할 때가 있습니다. 에그 타이머 프로그램에서도 완숙과 반숙 그리고 초기화하는 세 가지 경우를 사용합니다. 이 때 아래 그림처럼 〔만약(if) □ 이면(then) 실행 아니면(else) 실행〕 블록의 더하기 기호(⊕)를 클릭하면 조건을 추가할 수 있습니다.

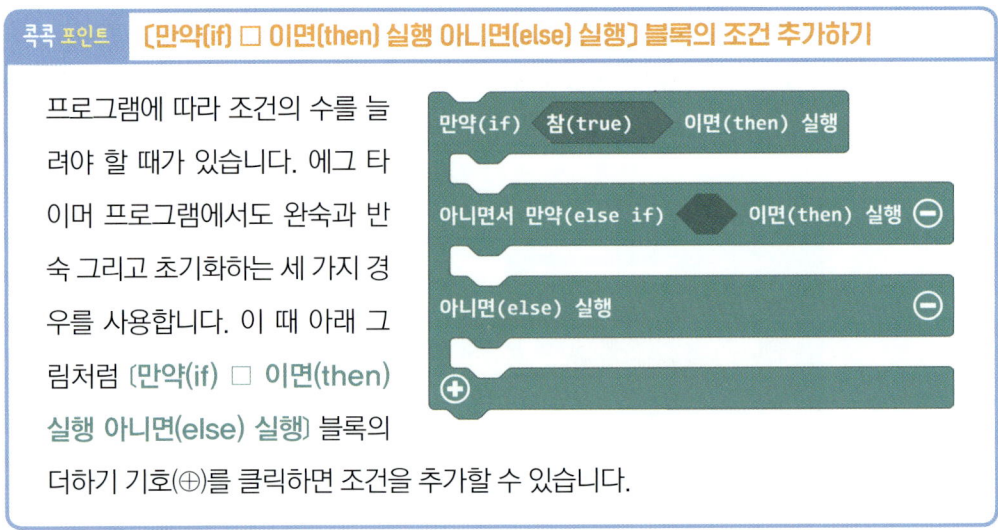

아래 그림처럼 '달걀 삶기' 변수가 '2'가 되면 반숙의 모양이 출력되도록 프로그램을 만듭니다.

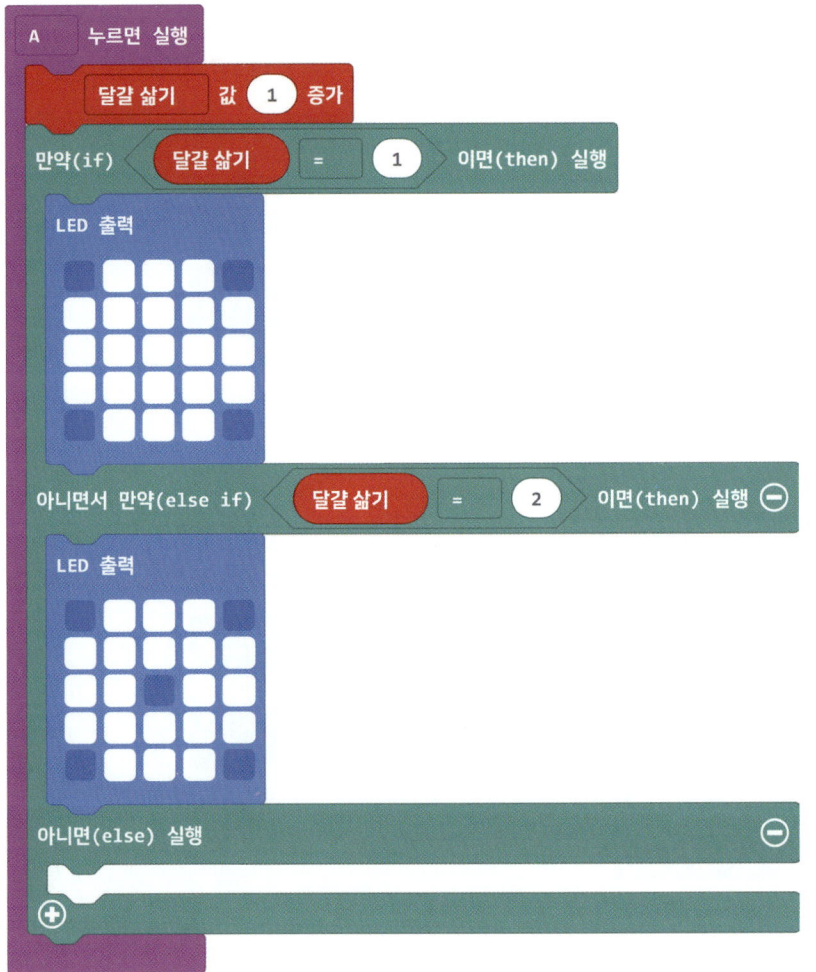

끝으로 〈버튼 A〉를 한 번 더 누르면 '달걀 삶기'의 변수가 '3'이 되는 동시에 '0'으로 저장하도록 만들어서 초기화하도록 합니다. (LED 스크린 지우기) 블록은 완숙과 반숙의 모양을 지우기 위해서 사용합니다.

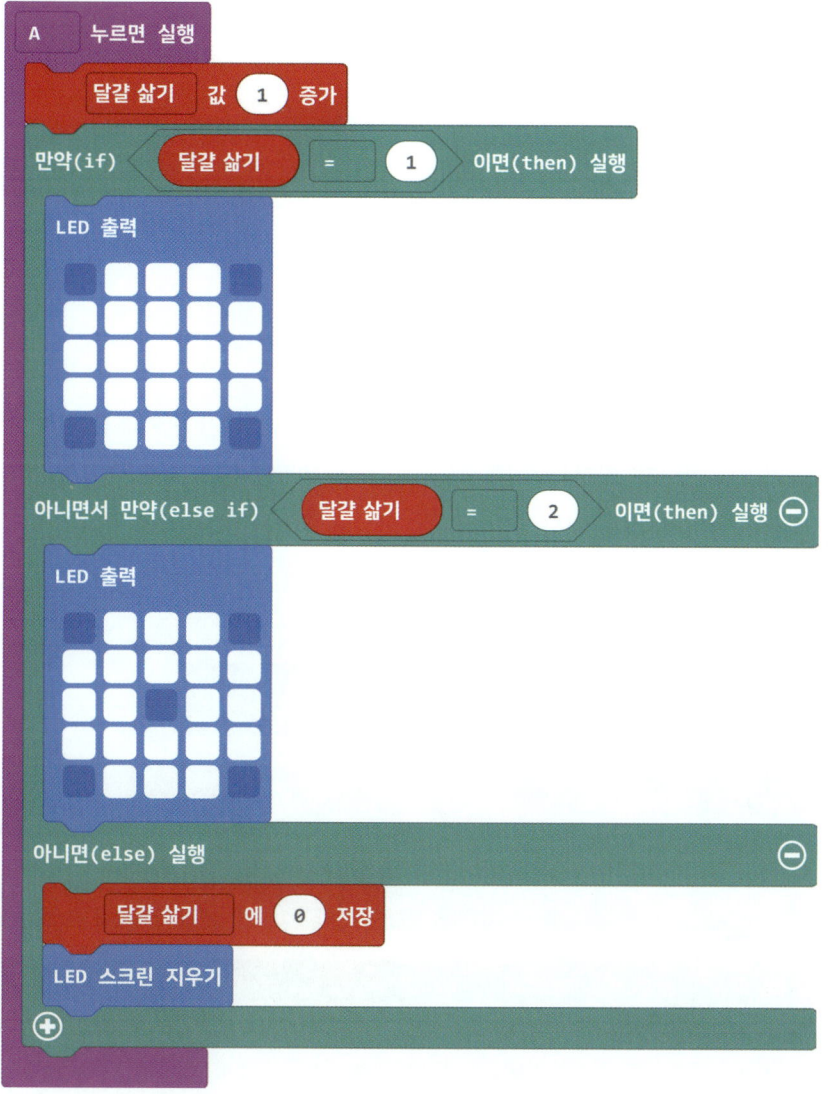

3. 숫자 프로젝트

 타이머 기능 만들기

STEP 01 타이머 변수 만들기

이번에는 타이머 기능을 추가하기 위해 '타이머' 변수를 추가합니다.

'타이머' 변수는 〈버튼 B〉를 눌렀을 때, 〈버튼 A〉로 선택한 완숙과 반숙에 따라 시간을 측정하는 기능을 합니다. 따라서 〈버튼 A〉로 '달걀 삶기' 변수를 '1'로 하였을 때는 완숙, '2'일 때에는 반숙으로 타이머를 실행합니다.

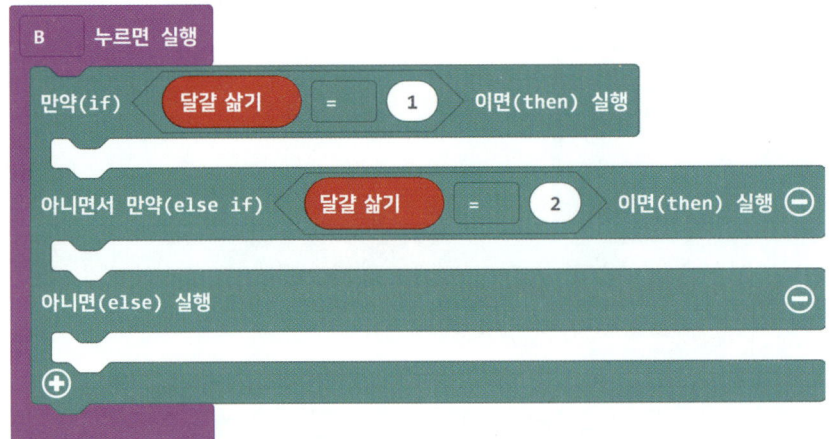

(만약(if) □ 이면(then) 실행 아니면(else) 실행) 블록을 세 가지 구조로 나누는 것은 '달걀 삶기' 변수가 '0'으로 초기화 되었을 때를 설명하기 위해서입니다.

| STEP 02 | **완숙 타이머**

에그 타이머에서 완숙 타이머(달걀 삶기 1번)는 10분으로 설정하였습니다. 따라서 '타이머' 변수의 값은 '10'으로 설정합니다. 그리고 완숙을 의미하는 "HARD"를 출력합니다.

타이머가 1분 단위로 반복할 수 있게 (반복(while): □ 인 동안 실행) 블록이 필요합니다. 60,000밀리세컨드(ms)는 60초, 즉 1분과 같습니다. 10번 반복을 통해 총 10분이 지나면 완숙을 의미하는 아이콘을 출력합니다.

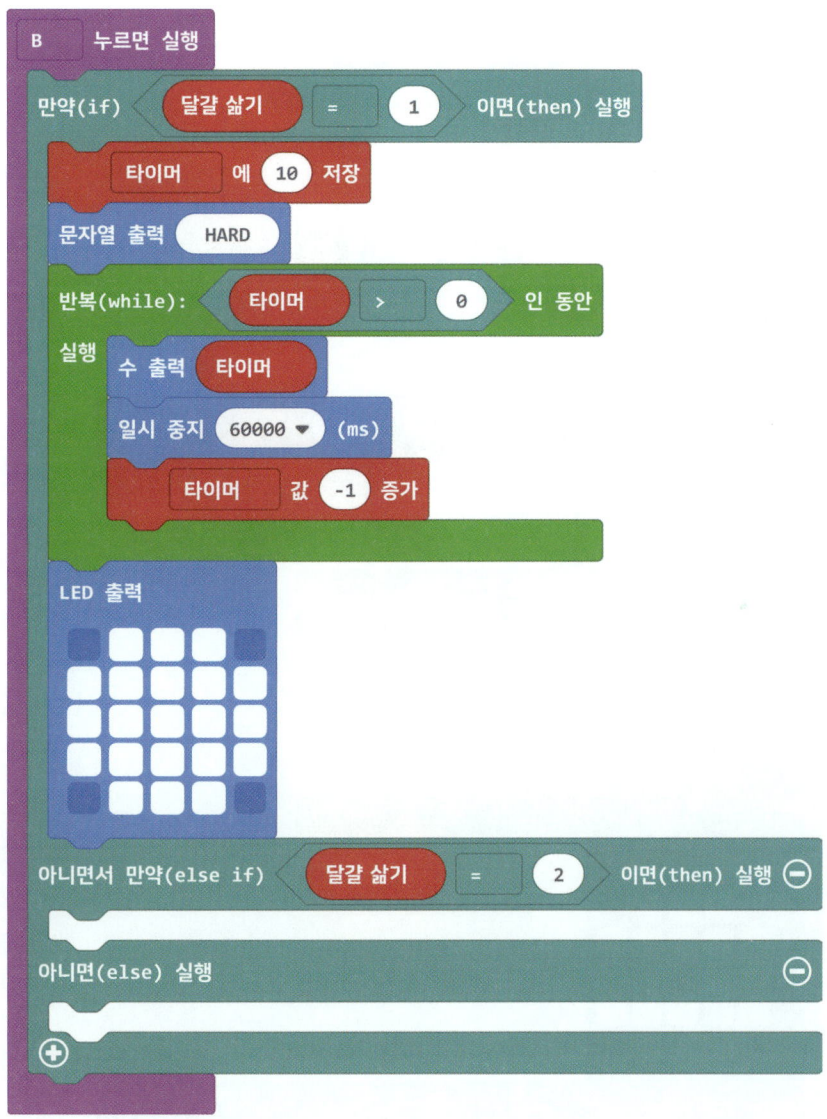

STEP 03 **반숙 타이머**

반숙 타이머(달걀 삶기 2번)는 5분으로 설정하였습니다. 실제 반숙에 소요되는 시간을 측정해 보고 취향에 따라 시간을 조정해도 좋습니다. 완숙 타이머와 같은 방법으로 (반복(while): □ 인 동안 실행) 블록을 통해 타이머가 작동하도록 합니다.

마지막으로 '달걀 삶기' 변수가 '1'과 '2'가 아닐 때에는 완숙과 반숙을 선택할 수 있도록 "SELECT EGG TYPE"라는 문자를 출력합니다.

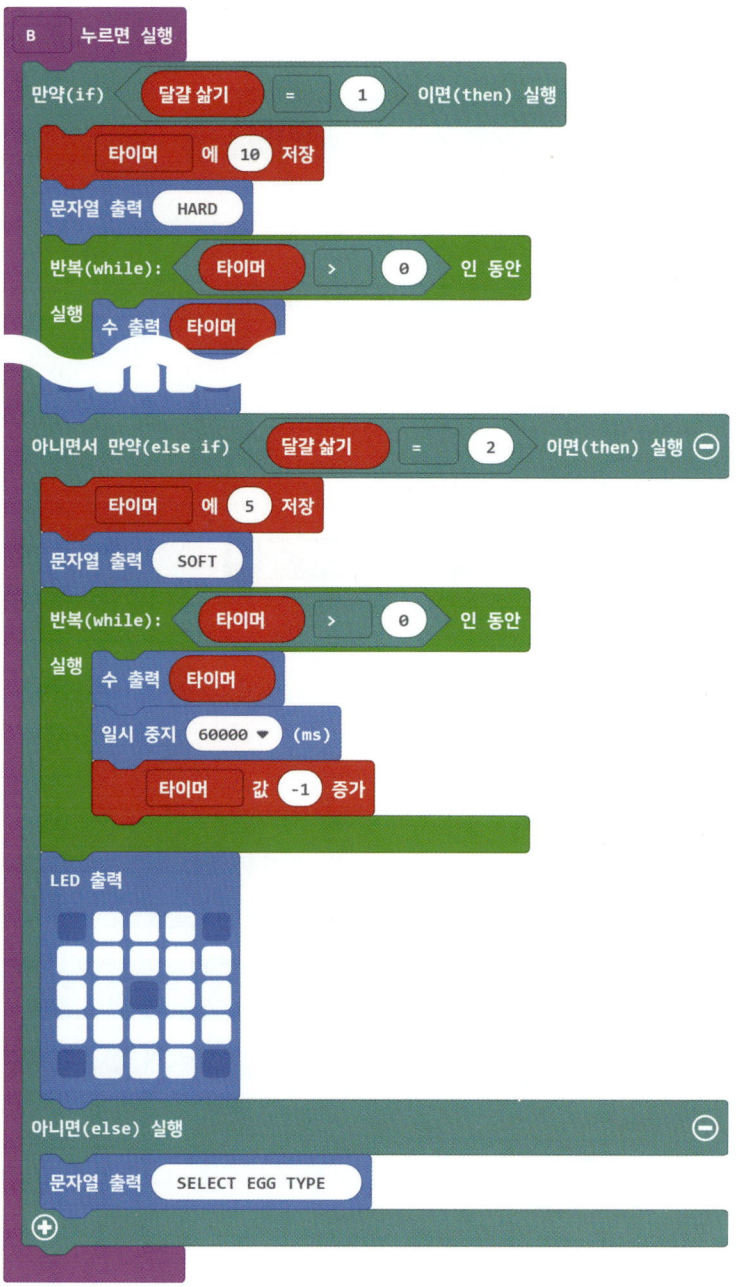

| STEP 04 | 완성된 코드 확인하기

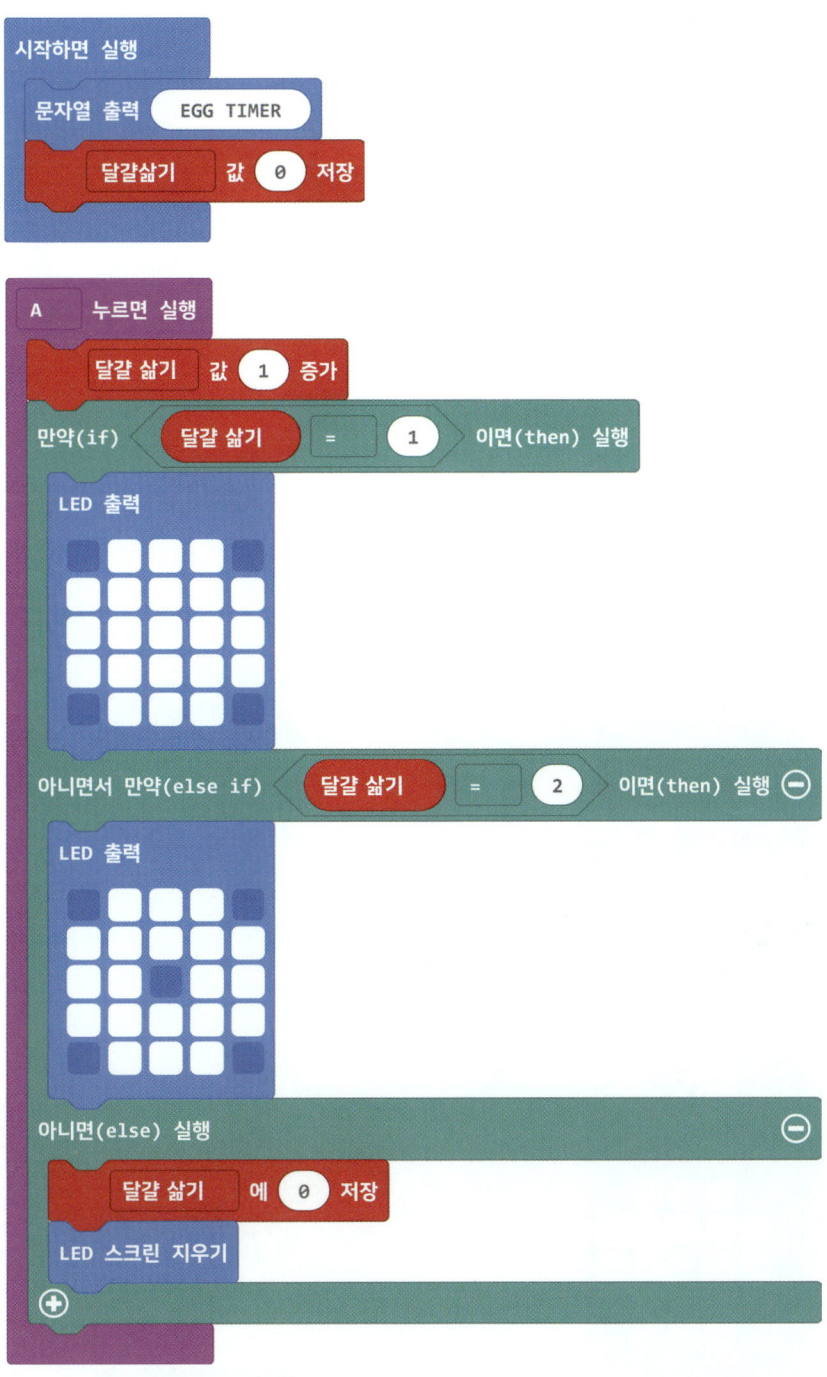

3. 숫자 프로젝트

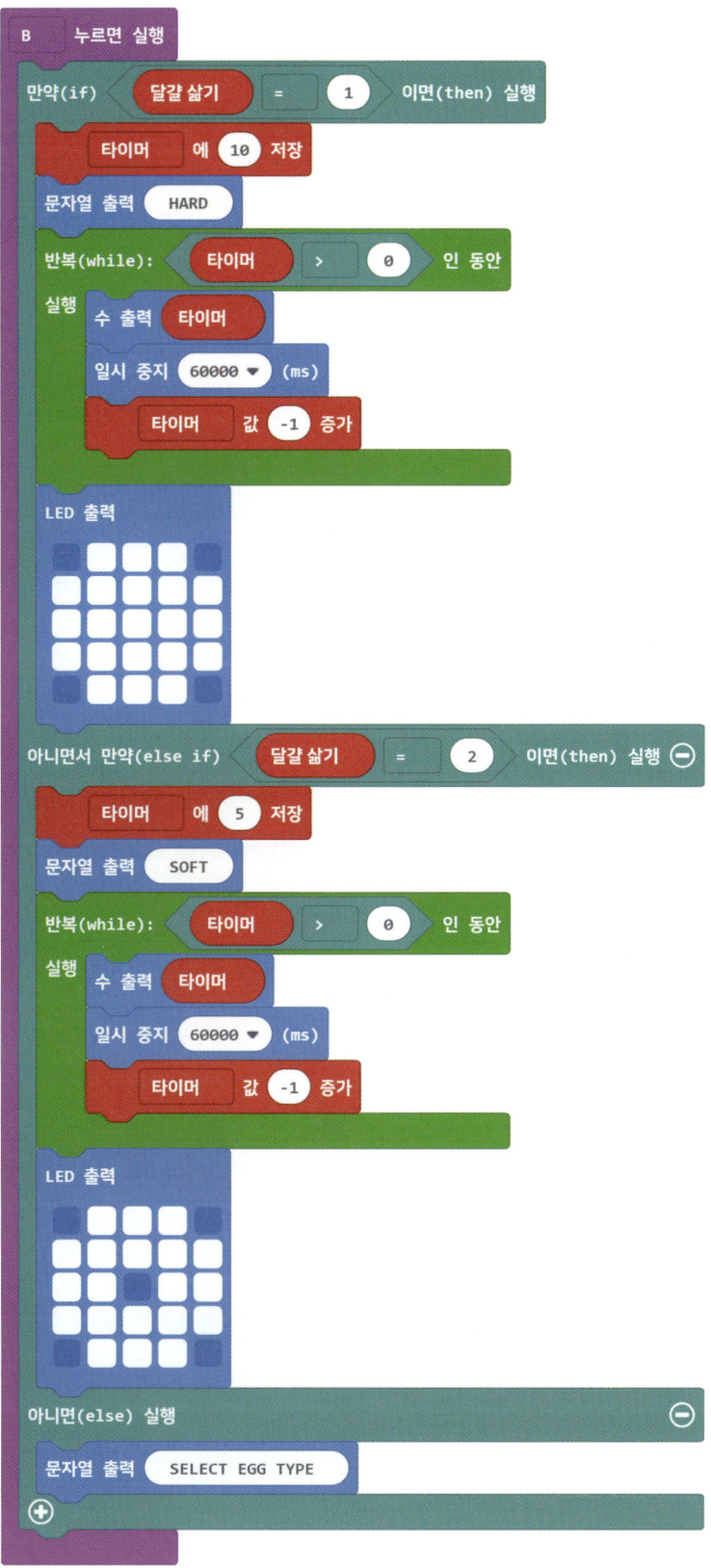

프로젝트 업그레이드 : 경우의 수를 추가하기

완숙과 반숙 외에도 달걀을 삶는 방법을 세분화해 보겠습니다. (만약(if) □ 이면(then) 실행 아니면(else) 실행) 블록에 경우의 수를 추가하여 초반숙 기능을 만들어 보겠습니다.

STEP 01 **초반숙 추가하기**

초반숙(달걀 삶기 3번) 기능을 만들기 위해 '달걀 삶기' 변수에 '3'이라는 값을 추가하고 초반숙을 의미하는 아이콘을 추가합니다.

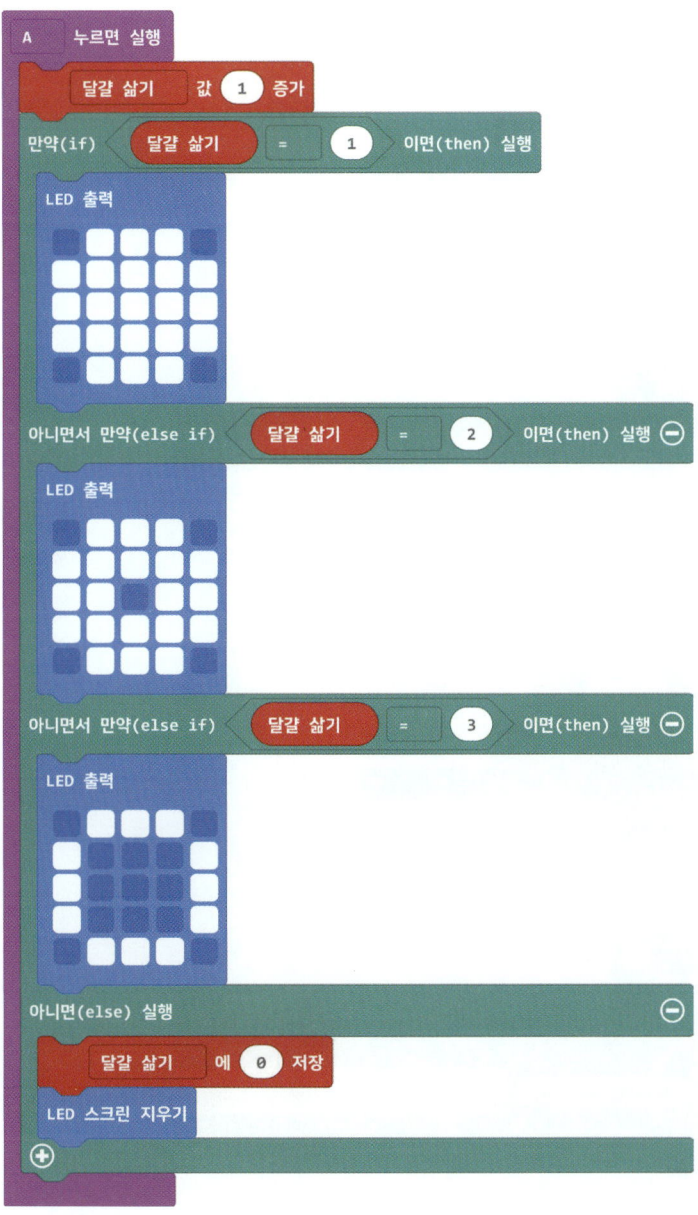

3. 숫자 프로젝트

STEP 02 초반숙 타이머 만들기

〈버튼 A〉에 초반숙을 추가한 것과 같은 방법으로 〈버튼 B〉에도 초반숙 타이머 기능을 할 수 있도록 [만약(if) □ 이면(then) 실행 아니면(else) 실행] 블록을 아래 그림처럼 확장합니다.

| STEP 03 | **완성된 코드 확인하기**

3. 숫자 프로젝트

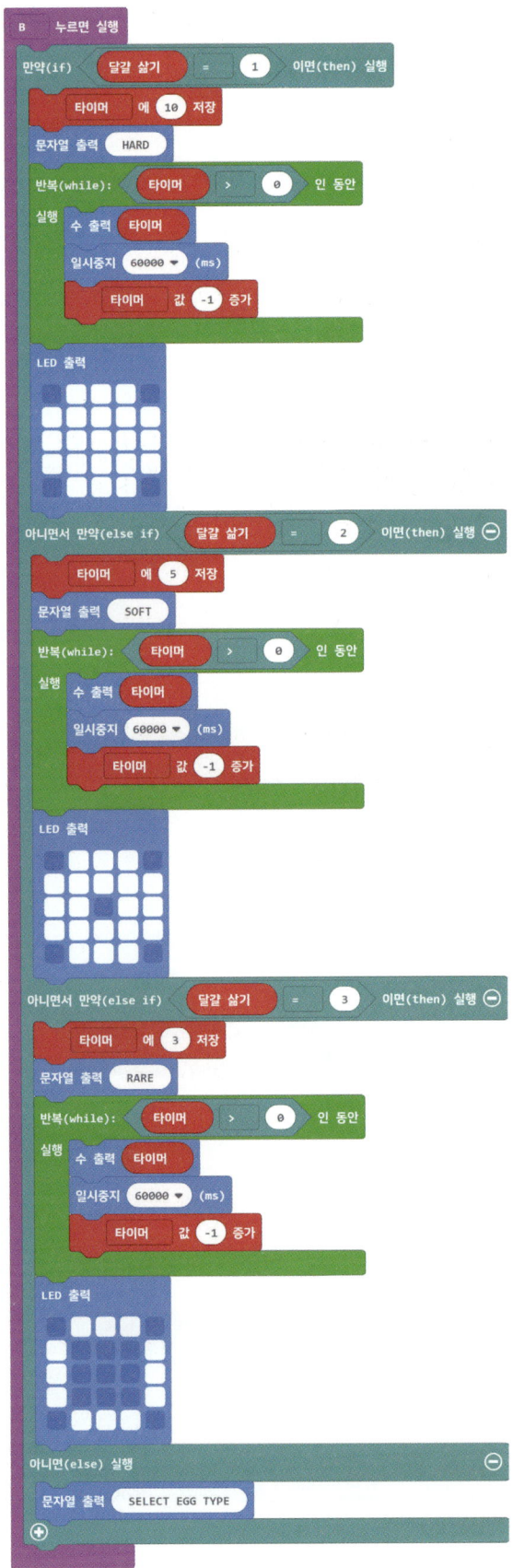

144

03 에그 타이머 만들기

✓ 프로젝트 돌아보기

🔗 정리하기

▶ 에그 타이머에서 마이크로비트의 〈버튼 A〉, 〈버튼 B〉는 어떤 기능을 하나요?

▶ 1,000 밀리세컨드(ms)를 초(s) 단위로 바꾸면 어떻게 될까요?

▶ 타이머를 만들기 위해 사용한 블록은 무엇인가요?

🔗 프로젝트 주요 블록

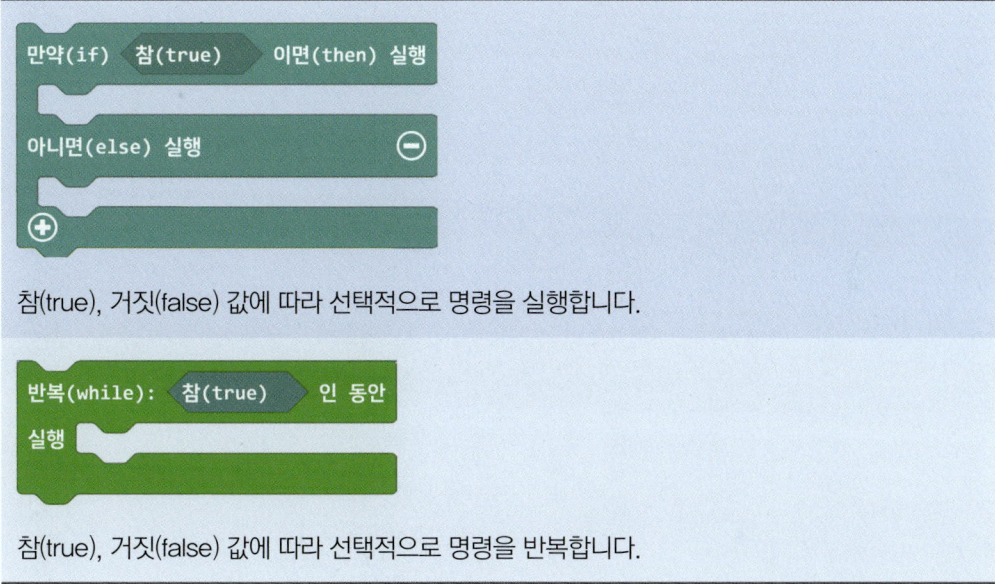

참(true), 거짓(false) 값에 따라 선택적으로 명령을 실행합니다.

참(true), 거짓(false) 값에 따라 선택적으로 명령을 반복합니다.

PART 4

무선 프로젝트

01 자전거 방향 지시등 만들기
02 날씨 알리미 만들기
03 학급 회의 투표 도우미 만들기

4 · 무선 프로젝트

PROJECT 01 자전거 방향 지시등 만들기

프로젝트 미리보기

자전거를 타다 보면 위험한 상황이 많이 일어납니다. 특히 내가 자전거를 탈 때 자동차가 뒤에서 온다면 갈 방향을 알려주기 어렵습니다. 그래서 자동차와 서로 엇갈린 방향으로 가려다 부딪치기도 합니다. 그러면 자전거가 갈 방향을 다른 사람들에게 미리 알려줄 수 있다면 자전거 교통사고는 크게 줄어들지 않을까요? 이번 프로젝트에서는 자전거 교통사고를 줄이기 위해 자전거 방향 지시등을 만들어보겠습니다.

자전거 방향 지시등(Bicycle Turn Signal)은 자전거가 이동할 방향을 뒤편 자동차에 미리 알려주는 장치입니다. 자전거 방향 지시등은 자전거가 진행할 방향을 입력하여 화살표로 신호를 보내는 무선 리모컨과 리모컨에서 보낸 신호를 받아 방향을 불빛으로 나타내는 무선 지시등으로 구성되어 있습니다.

01 자전거 방향 지시등 만들기

자전거를 타면서 왼쪽으로 회전하고 싶을 때 마이크로비트 리모컨에서 〈버튼 A〉를 누르면 마이크로비트 지시등에서 왼쪽 화살표를 깜빡입니다. 반대로 오른쪽으로 회전하고 싶을 때 〈버튼 B〉를 누르면 오른쪽 화살표가 깜빡입니다.

▶ 프로젝트 완성 작품

프로젝트 준비하기

자전거 방향 지시등을 만들기 위해서 마이크로비트와 건전지, 건전지 케이스를 준비합니다. 마이크로비트 중에서 리모컨으로 사용할 마이크로비트와 지시등으로 사용할 마이크로비트를 선택합니다.

효과적으로 표현하기 위한 꾸미기 재료도 준비합니다.

▶ 마이크로비트와 재료 모음

149

4. 무선 프로젝트

프로젝트 설계하기

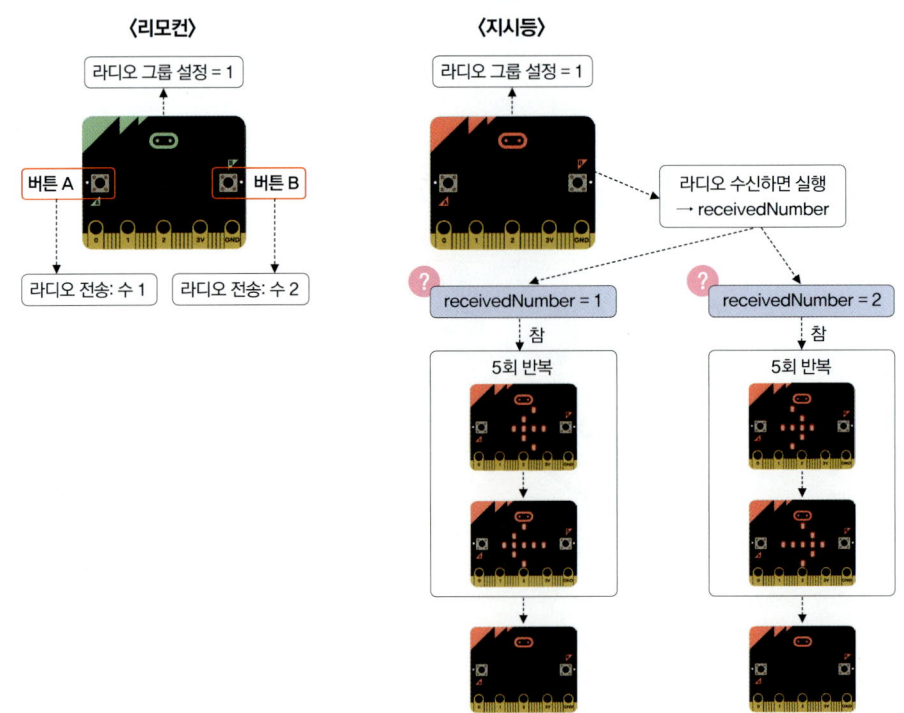

리모컨 만들기

STEP 01 라디오 신호로 마이크로비트 연결하기

마이크로비트 리모컨의 신호를 받아 지시등이 작동하려면 두 개의 마이크로비트가 서로 연결되어야 합니다. 마이크로비트를 연결하기 위해 전선을 이용하는 방법도 있지만, 전선을 사용하게 되면 불편하고 복잡합니다.

마이크로비트의 라디오 블록 꾸러미를 이용하면 이런 불편함 없이 두 개의 마이크로비트를 서로 연결할 수 있습니다. [라디오 그룹을 □로 설정] 블록은 라디오 신호를 함께 주고받을 마이크로비트를 같은 그룹으로 묶을 수 있습니다. 2개의 마이크로비트 모두 □에 '1'을 입력하여 하나의 그룹으로 묶어 줍니다. 마이크로비트가 두 개 필요하므로 리모컨은 초록색, 지시등은 분홍색 아이콘으로 구분하겠습니다.

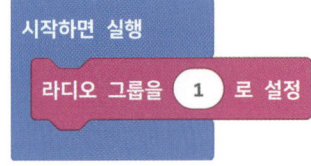

150

> **콕콕 포인트** **라디오 신호를 이용한 송신기와 수신기(리모컨과 지시등) 프로그래밍**
>
> 송·수신기 기능이 같은 경우를 제외하고, 일반적으로 라디오 신호를 이용하여 송신기와 수신기를 프로그래밍하기 위해서는 각 마이크로비트에 서로 다른 코딩을 입력해야 합니다. 따라서 두 개 이상의 프로젝트가 필요하고, 작동 확인은 시뮬레이터가 아닌 마이크로비트 실물을 통해서 가능합니다.

STEP 02 리모컨과 지시등 사이의 신호 약속하기

마이크로비트를 같은 그룹으로 묶어 주었다면 리모컨이 지시등에게 명령을 지시할 방법을 선택해야 합니다. 〔라디오 전송: 수 □〕 블록은 명령을 지시하는 방법을 결정합니다. 여기서는 정수를 이용하여 서로 다른 명령을 지시하겠습니다.

리모컨의 〈버튼 A〉를 누르면 지시등에 '1'이라는 신호를 보내고, 〈버튼 B〉를 누르면 '2'라는 신호를 보내도록 약속합니다.

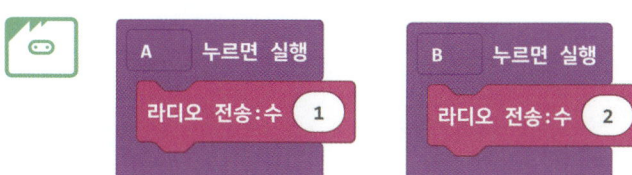

STEP 03 완성된 코드 확인하기

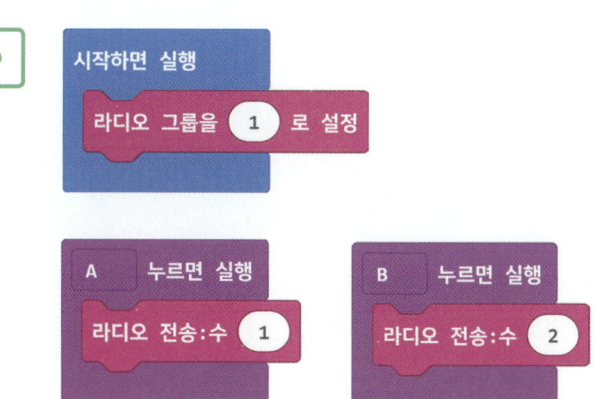

지시등 만들기

STEP 01 **마이크로비트 지시등 그룹 설정하기**

마이크로비트 지시등도 (라디오 그룹을 □ 로 설정) 블록을 '1'로 정해 리모컨과 신호를 주고받을 준비를 합니다.

STEP 02 **리모컨이 보낸 신호 받기**

앞에서 리모컨은 숫자를 이용해 필요한 신호를 보내기로 약속했습니다. 그렇다면 지시등은 리모컨이 보내오는 신호를 받을 준비를 해야 합니다. 신호를 받는 방법은 2가지가 있습니다. 'receivedString'으로 문자를 받거나, 'receivedNumber'로 숫자를 받을 수 있습니다.

리모컨이 숫자를 보내기로 약속했기 때문에 우리는 (라디오 수신하면 실행 receivedNumber) 블록을 사용하겠습니다.

| STEP 03 | **수신한 신호에 따라 다르게 동작하기** |

리모컨에서 보내는 신호를 지시등이 성공적으로 받았다면 그 신호가 명령을 수행하기 위해 필요한 신호인지를 확인해야 합니다. 리모컨은 자신이 받은 신호가 숫자 1인지 2인지를 확인하고, 맞는 지시등으로 연결이 되어야 합니다.

이를 위해 (라디오 수신하면 실행) 블록 안에 (만약(if) □ 이면(then) 실행) 블록을 추가합니다. (□ = □) 블록은 논리 블록 꾸러미에서, 그리고 (receivedNumber) 블록은 ≡변수 블록 꾸러미에서 가져옵니다.

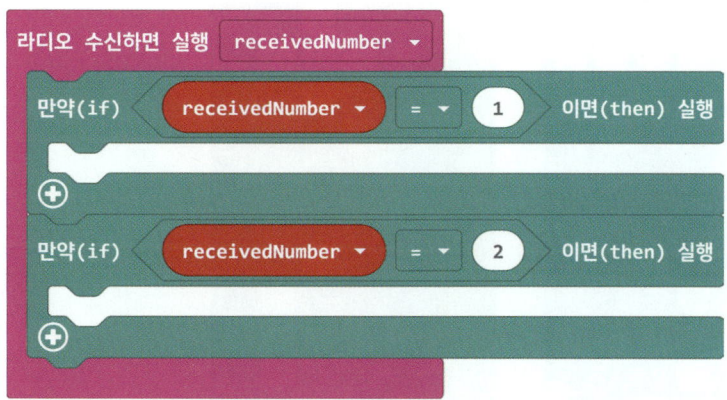

리모컨이 받은 신호에 따라 어떤 동작을 수행할지 결정해야 합니다. 우리는 앞에서 리모컨으로 사용할 마이크로비트의 왼쪽에 있는 〈버튼 A〉를 누르면 '1', 오른쪽에 있는 〈버튼 B〉를 누르면 '2'라는 신호를 보내도록 약속하였습니다. 지시등에서는 신호가 '1'로 확인되면 왼쪽 화살표가, '2'로 확인되면 오른쪽 화살표가 5회 반복하여 깜빡이고 사라지도록 만들어 봅시다.

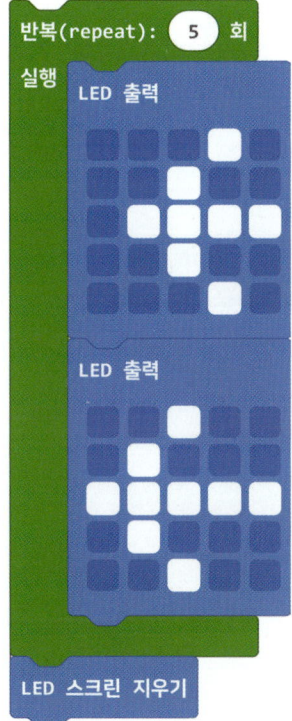
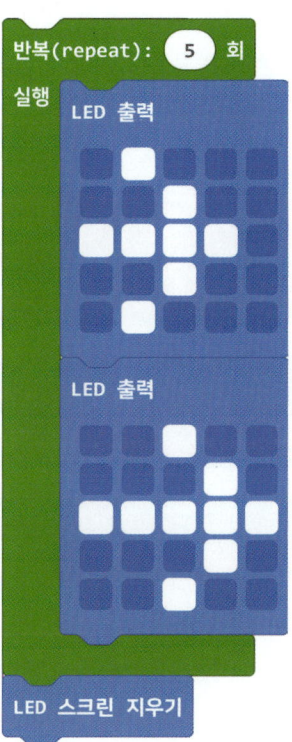

01 자전거 방향 지시등 만들기

STEP 04 완성된 코드 확인하기

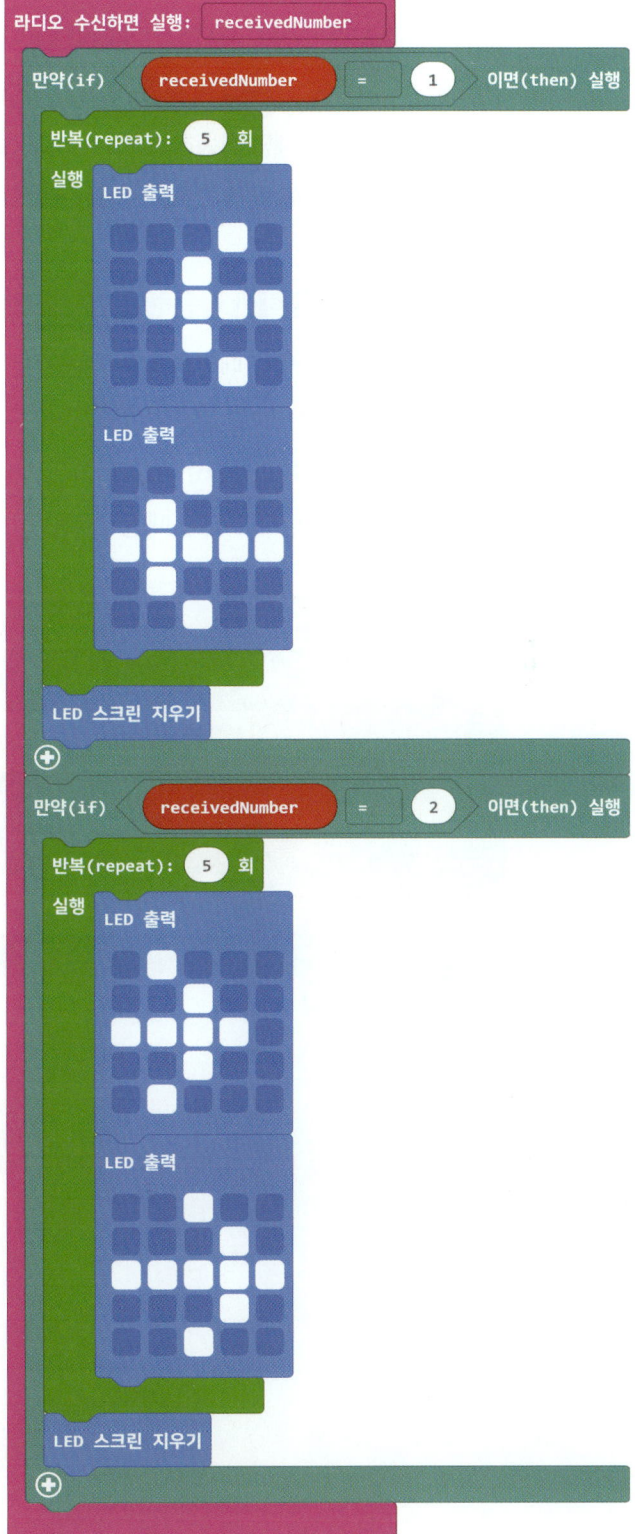

프로젝트 업그레이드 : 버튼을 누르는 동안만 깜빡이기

앞에서 만든 자전거 방향 지시등은 우리가 원하지 않아도 반드시 5회 깜박입니다. 하지만 위급 상황에는 지시등을 꺼야 할 수도 있고, 다른 방향으로 알려야 할 때도 있습니다. 이를 위해서 버튼을 누르고 있을 때만 작동하는 지시등을 만들어 봅시다. 그리고 지시등에만 나타나는 화살표를 자전거 운전자도 알 수 있도록 리모컨에도 함께 나타내어 봅시다.

STEP 01 **버튼을 누르고 있을 때만 작동하는 지시등 만들기**

우선 버튼을 누르고 있을 때에만 작동하는 지시등을 만들어 봅시다. 〈버튼 A〉를 누르고 있으면 왼쪽 화살표를, 〈버튼 B〉를 누르고 있으면 오른쪽 화살표를 보여주는 지시등을 만들기 위하여 우리는 (만약(if) □ 이면(then) 실행) 블록과 (□ 눌림 상태) 블록을 활용할 수 있습니다. 아래는 리모컨에서 버튼을 누르고 있을 때만 라디오 신호를 내보내는 코드입니다.

지시등에서는 수신한 라디오 값에 맞는 화살표를 아래와 같이 프로그래밍할 수 있습니다.

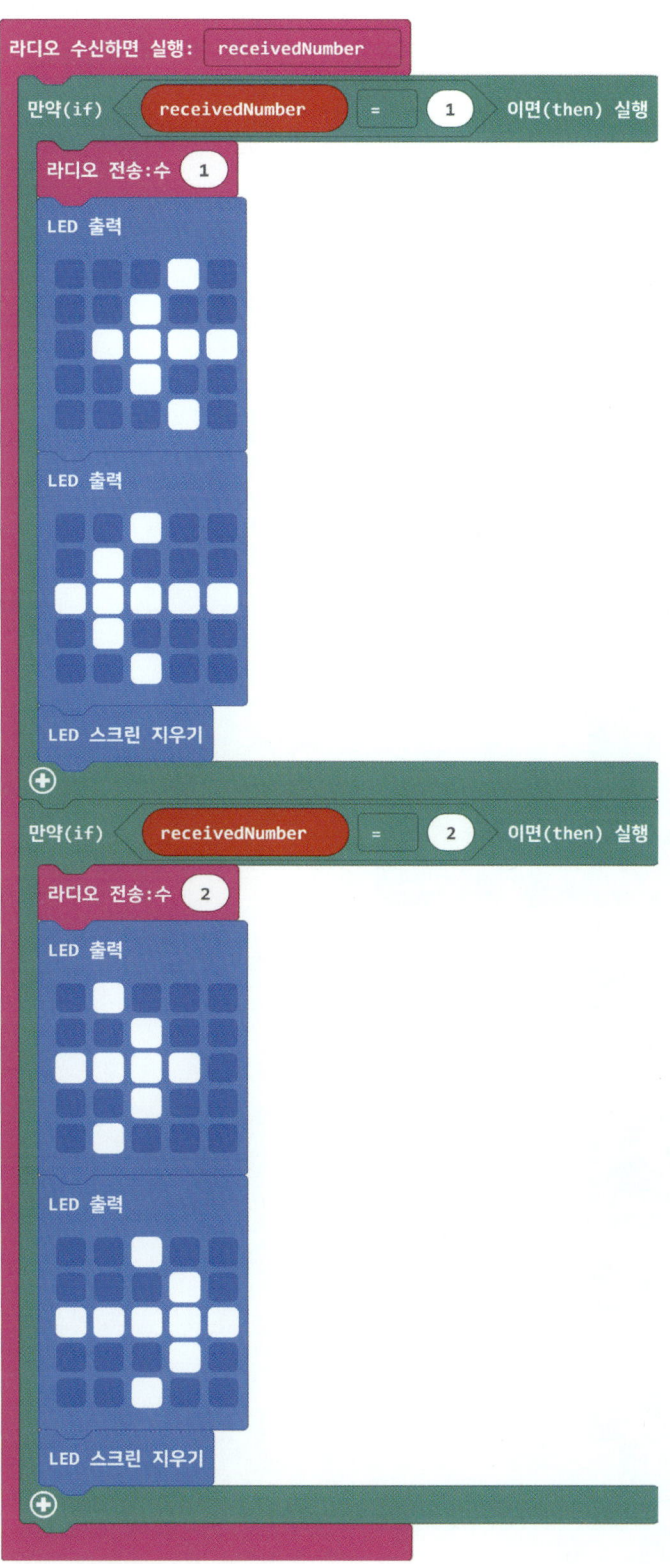

4. 무선 프로젝트

| STEP 02 | **리모컨에 방향 나타내기**

리모컨에 방향을 나타내는 방법은 간단합니다. 버튼을 누르고 있을 때 방향 지시등이 표시되도록 〔만약(if) □ 이면(then) 실행〕 블록 안에 〔LED 출력〕 블록을 추가하면 됩니다.

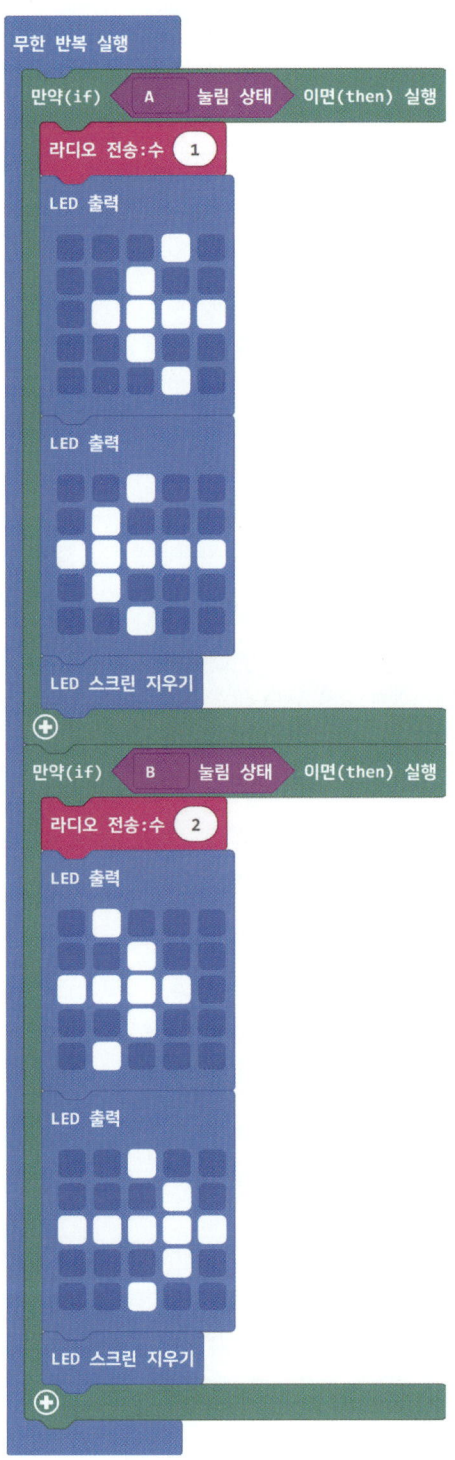

STEP 03 완성된 코드 확인하기

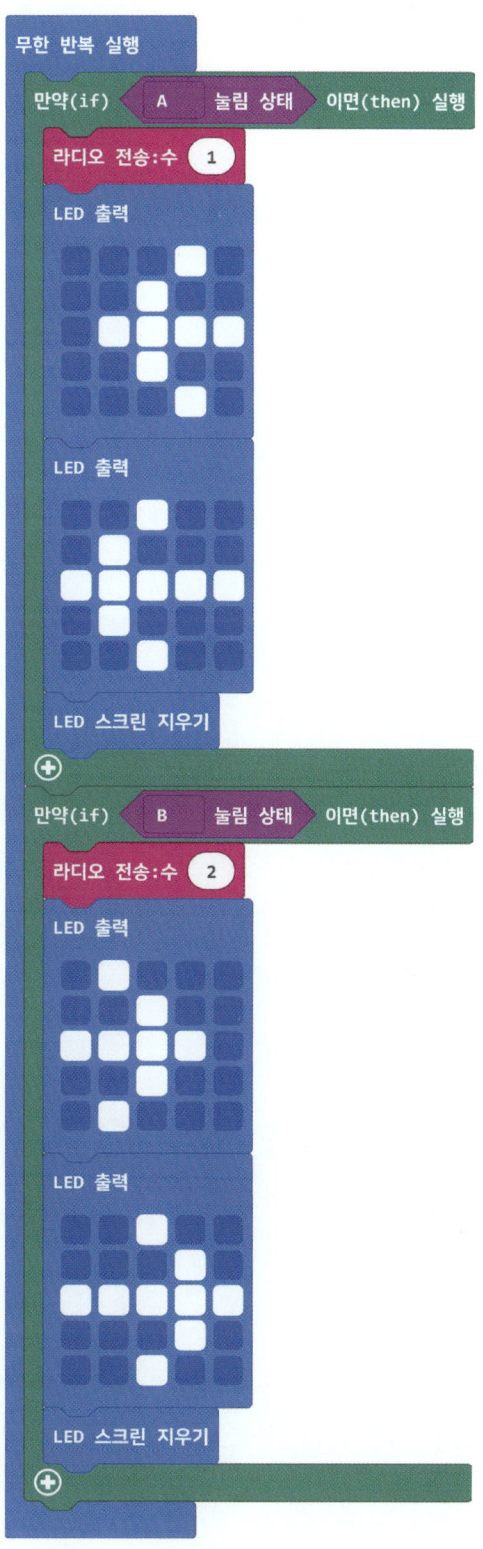

4. 무선 프로젝트

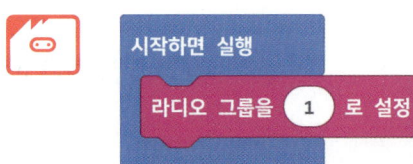

01 자전거 방향 지시등 만들기

✓ 프로젝트 돌아보기

정리하기

▸ 두 개의 마이크로비트가 서로 통신하기 위해 사용한 블록 꾸러미는 무엇인가요?

▸ 마이크로비트가 라디오 신호를 '숫자'로 받기 위해서는 어떤 변수가 사용되어야 하나요?

프로젝트 주요 블록

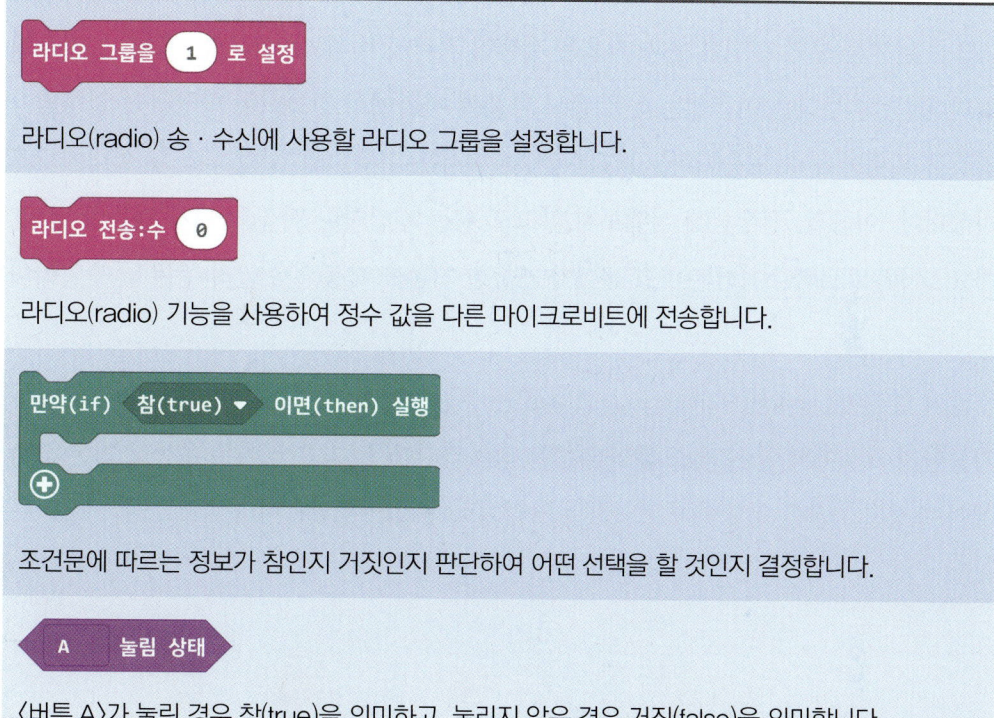

라디오(radio) 송·수신에 사용할 라디오 그룹을 설정합니다.

라디오(radio) 기능을 사용하여 정수 값을 다른 마이크로비트에 전송합니다.

조건문에 따르는 정보가 참인지 거짓인지 판단하여 어떤 선택을 할 것인지 결정합니다.

〈버튼 A〉가 눌린 경우 참(true)을 의미하고, 눌리지 않은 경우 거짓(false)을 의미합니다.

4 · 무선 프로젝트

PROJECT 02 날씨 알리미 만들기

 프로젝트 미리보기

요즘 날씨를 보면 선선한 봄과 가을은 재빨리 지나가 버리고 여름에는 폭염이, 겨울에는 혹한이 몰아 칩니다. 특히 무더운 여름에는 높은 온도 때문에 바깥에서 활동하는 학생들이 열사병이나 탈수 등으로 건강을 위협받을 수 있습니다. 그래서 선생님께서는 너무 더운 날엔 되도록 실내에서 활동하라고 말씀 하십니다. 여름철, 선생님께 여쭤보지 않고도 쉬는 시간마다 바깥 놀이가 가능한 날씨인지 알 수 있을 까요? 이번 프로젝트에서는 바깥 놀이가 가능한 기온을 자동으로 알려 주는 날씨 알리미를 만들어 보겠 습니다.

날씨 알리미(Outdoor Temperature Alarm)는 운동장에서 측정된 기온을 교실에 전달하여 바깥 활동이 가능한지 교실에서 알 수 있도록 도와주는 장치입니다. 날씨 알리미는 운동장 기온을 측정해 주는 온도 계와 측정된 기온을 전달받아 표시하는 알리미로 구성되어 있습니다.

02 날씨 알리미 만들기

운동장 온도계는 운동장에 두어 밖의 기온을 온종일 자동으로 반복 측정합니다. 교실의 창가에 놓을 알리미는 운동장 기온을 온도계에서 전달 받아 바깥 놀이가 가능한 적당한 온도를 확인하여 LED 불빛과 소리로 알려 줍니다.

▶ 프로젝트 완성 작품

🛠 프로젝트 준비하기

날씨 알리미를 만들기 위해서 2개의 마이크로비트와 피에조 버저, 집게 전선, 건전지와 건전지 케이스를 준비합니다. 2개의 마이크로비트는 '온도계'로 사용할 마이크로비트와 '알리미'로 사용할 마이크로비트를 선택합니다.

어떤 모습으로 만들지 생각해 보고 하드보드지, 부직포, 색종이 등 효과적인 꾸미기 재료를 준비해 봅시다.

▶ 마이크로비트와 재료 모음

4. 무선 프로젝트

프로젝트 설계하기

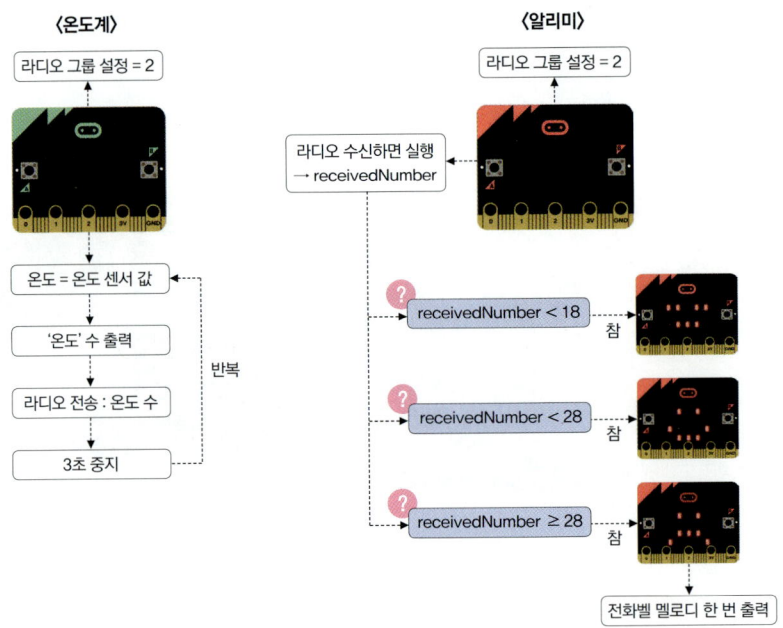

온도계 만들기

STEP 01 온도 센서 테스트하기

마이크로비트는 보드에 붙어있는 CPU(중앙 처리 장치)를 이용하여 온도(℃)를 측정할 수 있습니다. 일반적으로 마이크로비트를 사용하더라도 CPU는 뜨거워지지 않기 때문에 마이크로비트 CPU의 온도를 마이크로비트 주변의 온도와 비교하여 현재 온도를 짐작할 수 있습니다.

▶ CPU(중앙 처리 장치)의 온도 센서

온도계를 만들기에 앞서 온도 센서가 잘 작동하는지를 시험해 봅시다. ▦ 기본 블록 꾸러미의 〔수 출력 □〕 블록 안에 〔온도센서 값(℃)〕 블록을 넣고 〔일시 중지 2000(ms)〕 블록을 추가하여 2초마다 온도를 반복해서 측정하도록 합니다.

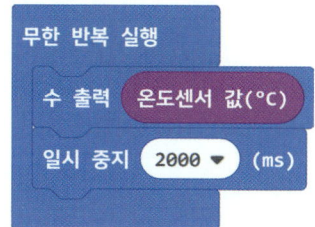

▶ 온도 센서 테스트

온도 센서가 바르게 작동하는 모습을 확인했다면, 이제 우리가 사용할 온도계를 만들어야 합니다. 우리가 만든 온도계는 운동장의 기온을 측정해 값을 보여 주고, 교실에 있는 알리미까지 전달해 줄 수 있어야 합니다.

 STEP 02 **온도계와 알리미를 라디오 그룹으로 묶어주기**

온도계의 신호를 받아 실내에 있는 알리미를 작동시키려면 두 개의 마이크로비트가 하나의 라디오 그룹으로 연결되어야 합니다. 나중에 프로그래밍할 알리미를 포함하여 온도계로 사용할 마이크로비트 모두 〔라디오 그룹을 □ 로 설정〕 블록에 '2'를 입력하여 온도계와 알리미를 같은 그룹으로 묶어 주겠습니다.

| STEP 03 | 온도계에 사용할 변수 만들기

마이크로비트는 측정한 기온을 온도계에 나타내고, 라디오 신호로 알리미까지도 전달해야 합니다. 이렇게 하나의 측정값을 여러 가지 일에 동시에 사용하기 위해서는 ☰변수의 도움이 필요합니다. 블록 꾸러미에서 '변수 만들기'를 선택하여 '온도'라는 변수를 추가합니다.

| STEP 04 | 온도계로 기온 측정하기

온도 센서가 측정한 기온은 앞에서 만든 변수에 저장해 두고 사용합니다. 그리고 기온을 LED에 나타내고 싶을 때에서는 저장해 둔 변수를 불러와 LED에 표시합니다. 변수에 저장된 온도 센서의 값은 숫자이기 때문에 온도를 LED 스크린에 출력할 때는 〔수 출력 ▢〕블록과 '온도' 변수를 사용합니다.

STEP 05 **라디오 신호로 측정한 기온을 알리미에 알리기**

온도 센서가 측정한 기온을 알리미로 보내기 위해서 〔라디오 전송: 수 □〕 블록과 변수 '온도'를 사용합니다.

마이크로비트는 온도 센서로 기온을 측정하고, LED 스크린에 나타내고, 라디오 신호를 보내는 일들을 매우 짧은 시간 동안 처리합니다. 그래서 우리는 LED 스크린에 표시되는 기온을 제대로 읽지 못할 수도 있습니다. 이러한 오류를 예방하기 위해서 마이크로비트가 3초마다 한 번씩 일을 처리하도록 〔일시 중지 3000(ms)〕 블록을 추가합니다.

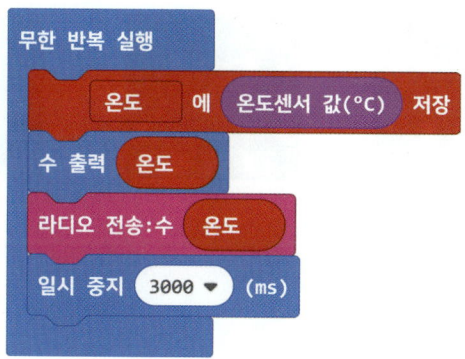

 STEP 06 **완성된 코드 확인하기**

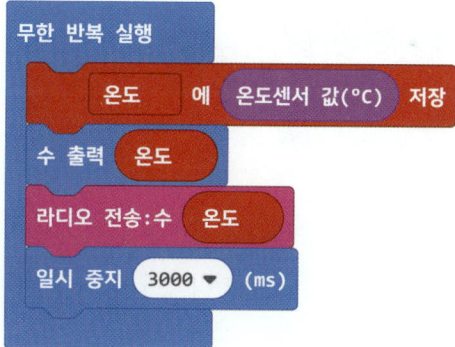

4. 무선 프로젝트

 알리미 만들기

STEP 01 알리미 작동 방법 계획하기

온도계가 보내온 기온값을 받아 알리미가 스스로 작동하기 위해서는 기온에 따라 알림을 표현하는 방법이 계획되어야 합니다. 먼저, 운동장 기온을 3가지 범위로 나누고, 기온의 범위에 따라 알리미가 표현할 알림 방법도 생각해 봅시다.

기온(℃)		18℃ 미만	18℃ 이상 ~ 28℃ 미만	28℃ 이상
알림 방법	아이콘			
	소리	없음	없음	전화벨

STEP 02 온도계에서 보낸 라디오 신호 받기

온도계와 마찬가지로 (라디오 그룹을 □ 로 설정) 블록에 '2'를 입력하여 온도계와 알리미를 같은 그룹으로 묶어 주겠습니다.

온도계가 보내는 라디오 신호를 알리미에서 받기 위해서는 (라디오 수신하면 실행 receive Number) 블록이 필요합니다. 알리미가 받은 온도 값은 자동으로 (receiveNumber)라는 변수에 저장됩니다.

STEP 03 | 블록 명령으로 온도 범위 만들기

알리미는 계획한 기온의 범위에 따라 LED 스크린의 알림을 선택적으로 나타낼 수 있어야 합니다. 이를 위해서 비교 연산자(>, <, ≥, ≤)를 사용하여 작동 범위를 설정해 줍니다. 이 때 비교할 기준은 라디오 신호로 전달받아 〔receivedNumber〕에 저장된 값입니다. 블록 〔receivedNumber〕는 ≡변수 블록 꾸러미에서 가져올 수 있습니다.

기온(℃)	비교 연산자
18℃ 미만	receivedNumber < 18
18~27℃	receivedNumber ≥ 18 그리고(and) receivedNumber < 28
28℃ 이상	receivedNumber ≥ 28

STEP 04 | 기온의 범위에 따라 다르게 동작하기

온도계에서 보내는 신호를 알리미가 정확히 받았다면 먼저 받은 값이 어느 범위에 속하는 지를 확인해야 합니다. 이를 위해 〔라디오 수신하면 실행 receivedNumber〕 블록 속에 〔만약(if) ☐ 이면(then) 실행〕 블록을 추가하고, 앞서 만들어 놓은 비교 연산자 블록을 추가합니다.

```
라디오 수신하면 실행 receivedNumber
    만약(if) receivedNumber < 18 이면(then) 실행
    ⊕
    만약(if) receivedNumber ≥ 18 그리고(and) receivedNumber < 28 이면(then) 실행
    ⊕
    만약(if) receivedNumber ≥ 28 이면(then) 실행
    ⊕
```

알리미가 받은 신호가 계획한 범위에 해당하는 값이라면 〔**아이콘 출력** □〕블록을 이용하여 표정 아이콘이 나타나도록 하고, 28℃ 이상의 기온에서는 표정 아이콘과 함께 전화벨 멜로디 소리가 나도록 〔□ **멜로디** □ **출력**〕을 추가한 후 '다다둠 멜로디'를 '전화벨 멜로디'로 변경합니다.

| STEP 04 | 완성된 코드 확인하기

4. 무선 프로젝트

> 프로젝트 업그레이드 : 최고 기온일 때 알람 울리기

STEP 01 **마이크로비트 온도 센서 바로잡기**

마이크로비트 온도 센서로 측정한 기온과 실제 온도계로 측정한 기온을 비교하면 서로의 값이 다를 수 있습니다. 마이크로비트의 온도 센서가 측정한 온도는 실제 기온과 비교하여 최대 -4℃ ~ +4℃의 오차를 가집니다. 마이크로비트로 정확한 기온을 측정하기 위해서는 실제 온도계로 측정한 값과 마이크로비트로 측정한 온도 값을 비교한 후 그 값을 바로잡아 주어야 합니다. 바로잡는다는 것은 실험이나 관측에서 오차를 없애고 참값을 구하는 것을 말합니다.

만약 실제 온도계의 온도가 28℃일 때 마이크로비트 온도 센서의 값이 30℃라면 마이크로비트의 온도계가 2℃ 높게 측정되고 있으므로 온도 센서의 값에서 2℃를 빼주어야 정확한 온도가 표시됩니다.

온도 센서의 값을 바로잡기 위해서는 **계산** 블록 꾸러미에서 산술 연산자(+, -)의 도움이 필요합니다.

STEP 02 ▶ 라디오 신호 전송 강도 조절하기

날씨 알리미는 운동장에 둔 마이크로비트 온도계가 측정한 기온을 라디오 신호를 이용해 건물의 창가에 놓인 알리미까지 전달합니다. 만약에 알리미가 제대로 작동하지 않는다면 라디오 신호를 먼저 점검해야 합니다.

라디오 신호를 점검하는 방법은 알리미를 온도계와 가까이 두고 정상적으로 작동하는지를 살펴보는 것입니다. 온도계와 알리미의 거리를 점점 멀리했을 때 더는 라디오 신호를 전달 받지 못한다면 온도계 라디오 신호 전송 강도를 조절해야 합니다.

라디오 신호 전송 강도는 라디오 아래 ···더 보기 블록 꾸러미 속 [라디오 전송 강도를 □ 로 설정] 블록으로 조절할 수 있습니다.

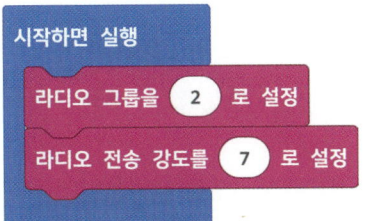

> **콕콕 포인트 | 라디오 신호의 전송 세기**
>
> 마이크로비트의 라디오 신호 전송 세기는 0이 가장 약하고, 7이 가장 강합니다.
> 마이크로비트에서 신호 전송 강도를 7로 설정하면 주변에 장애물이 없는 경우, 신호는 대략 70m 정도까지 전송될 수 있습니다.

| STEP 03 | **최고 기온일 때만 경보음이 울리도록 수정하기**

우리가 만든 알리미를 작동시키면 기온이 28℃ 이상일 때는 3초마다 한 번씩 경보음을 냅니다. 이렇게 계속해서 경보음이 울리면 일상생활에 방해가 됩니다. 그래서 기온이 28℃ 이상일 때 최고 기온을 넘는 순간에만 경보음이 한 번 나도록 명령을 수정해 봅시다.

최고 기온을 확인하기 위해서 새로운 변수 '최고 기온'을 추가합니다.

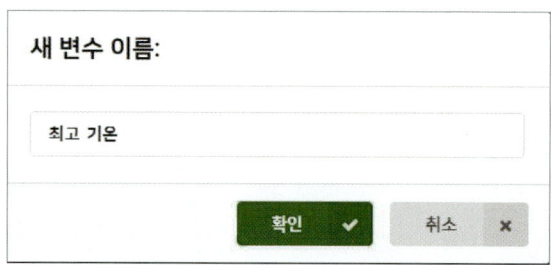

날씨 알리미가 작동을 시작할 때 '최고 기온' 변숫값은 27로 설정합니다. '최고 기온' 값을 27로 설정한 이유는 27보다 큰 값이 입력되면 작동을 시작하기 위해서입니다.

알리미는 온도계가 라디오 신호를 전달할 때마다 '최고 기온'이 27℃를 넘었는지를 확인합니다.

만약 전달 받은 라디오 신호가 27보다 크다면 '최고 기온' 변숫값은 전달받은 신호의 값으로 바꾸어 저장합니다. 라디오 신호로 전달된 값이 마지막으로 저장된 '최고 기온'을 넘어설 때마다 최고 기온 변숫값이 새롭게 저장되고, 전화벨 멜로디를 한 번 출력합니다.

완성된 블록 명령 꾸러미는 조건 속 조건으로 붙여 사용할 수 있습니다.

STEP 04 ▶ 완성된 코드 확인하기

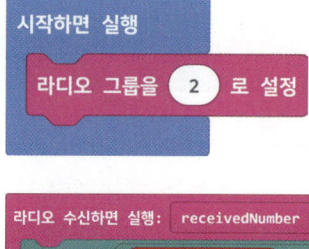

```
라디오 수신하면 실행: receivedNumber
  만약(if) receivedNumber < 18 이면(then) 실행
    아이콘 출력 [ ]
  만약(if) receivedNumber ≥ 18 그리고(and) receivedNumber < 28 이면(then) 실행
    아이콘 출력 [ ]
  만약(if) receivedNumber ≥ 28 이면(then) 실행
    아이콘 출력 [ ]
  만약(if) 최고 기온 < receivedNumber 이면(then) 실행
    최고 기온 에 receivedNumber 저장
    전화벨 멜로디 한 번 출력
```

프로젝트 돌아보기

정리하기

▶ LED 스크린에 수를 출력하기 위해 사용하는 블록은 무엇인가요?

▶ 프로그램의 실행 속도를 늦추기 위해 사용할 수 있는 블록은 무엇인가요?

▶ 마이크로비트에 있는 센서로 주변 온도를 측정하기 위해 사용하는 블록은 무엇인가요?

프로젝트 주요 블록

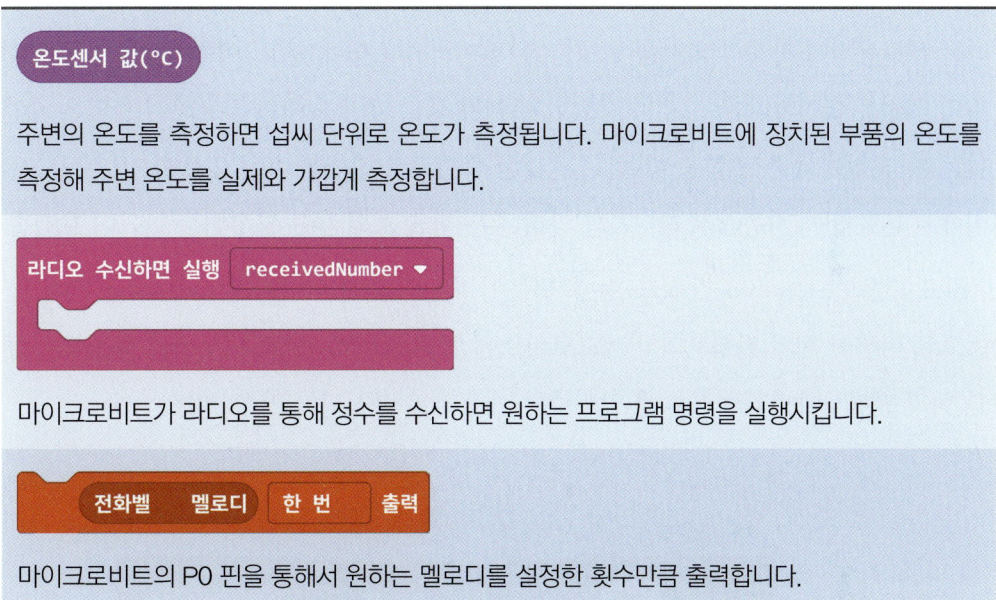

주변의 온도를 측정하면 섭씨 단위로 온도가 측정됩니다. 마이크로비트에 장치된 부품의 온도를 측정해 주변 온도를 실제와 가깝게 측정합니다.

마이크로비트가 라디오를 통해 정수를 수신하면 원하는 프로그램 명령을 실행시킵니다.

마이크로비트의 P0 핀을 통해서 원하는 멜로디를 설정한 횟수만큼 출력합니다.

4 · 무선 프로젝트

PROJECT 03 학급 회의 투표 도우미 만들기

 프로젝트 미리보기

교실에서 중요한 문제가 생기면 학생들은 학급 회의를 열고 투표를 통해 해결 방법을 결정합니다. 우리는 투표용지에 각자의 의견을 표시한 후 접어서 투표함에 넣고, 이를 다시 한 장씩 펼쳐서 친구들 모두의 의견을 확인합니다. 그러나 중요한 문제가 생길 때마다 매번 투표하려면 많은 시간과 노력이 필요합니다. 교실에서 투표를 좀 더 쉽고 편리한 방법으로 진행할 수는 없을까요? 이번 프로젝트에서는 교실에서 투표할 때 자동으로 참여자를 알려 주는 학급 회의 투표 도우미를 만들어 보겠습니다.

투표 도우미(Homeroom Clicker)는 학생들이 자신의 의견을 마이크로비트로 선택하면, 참여자 수를 자동으로 더하여 회의 진행자의 마이크로비트에 알려 줍니다. 투표 도우미는 학생들이 투표하는 '투표기'와 회의 진행자에게 참여자 수를 알려주는 '개표기'로 구성되어 있습니다.

투표기에 찬성과 반대 중에 본인의 생각과 맞는 쪽의 버튼을 눌러 의견을 표현하면 개표기에 모든 의견이 모입니다. 그리고 투표 결과를 자동으로 계산하여 찬성과 반대가 각각 몇 표인지 쉽게 확인할 수 있습니다.

▶ 프로젝트 완성 작품

🔧 프로젝트 준비하기

투표 도우미를 만들기 위해서 2개 이상의 마이크로비트와 건전지, 그리고 건전지 케이스를 각각 준비합니다. 여러 개의 마이크로비트 중 1개만 개표기로 사용하고, 나머지 마이크로비트들은 투표기로 사용합니다.
어떤 모양을 한 투표 도우미가 효과적일지 생각해 보고 필요한 꾸미기 재료를 준비해 봅시다.

▶ 마이크로비트와 재료 모음

4. 무선 프로젝트

프로젝트 설계하기

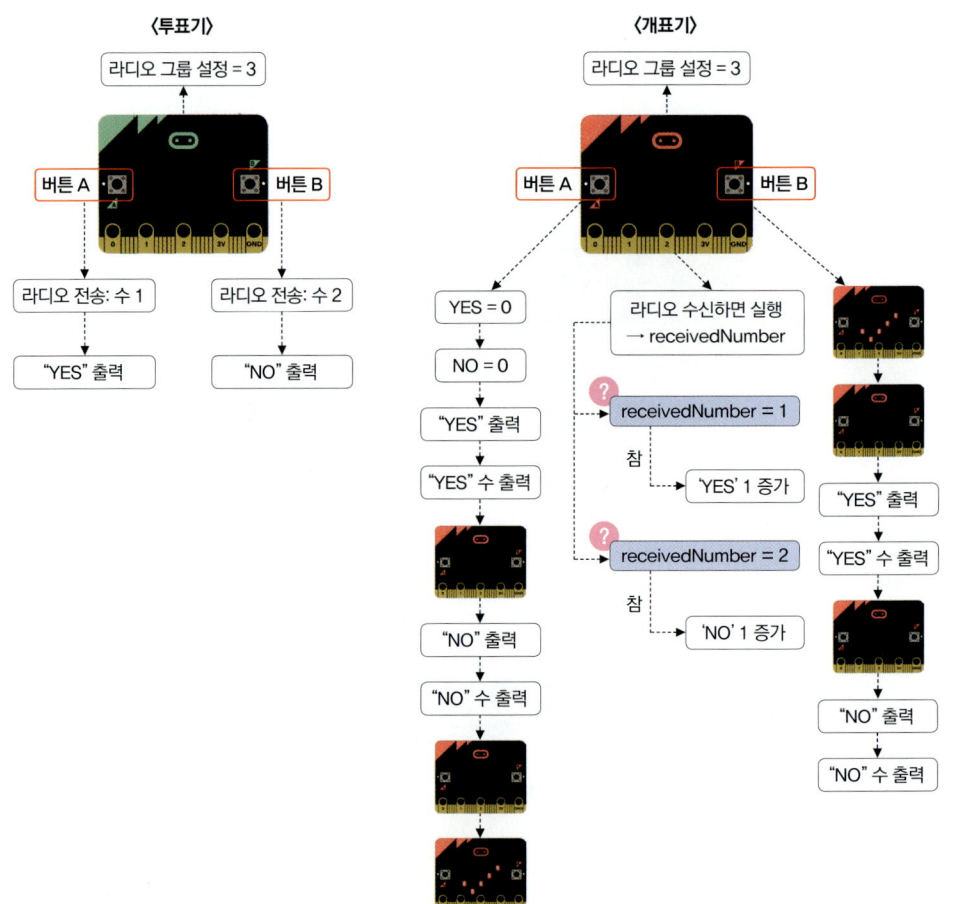

투표기 만들기

STEP 01   **투표기와 개표기를 라디오 그룹으로 묶어주기**

여러 개의 투표기 신호를 하나의 개표기로 보내기 위해서는 모든 마이크로비트가 하나의 라디오 그룹으로 연결되어야 합니다. 나중에 프로그래밍할 개표기를 포함하여 투표기로 사용할 모든 마이크로비트에 [라디오 그룹을 □ 로 설정] 블록을 추가하고 '3'을 입력하여 같은 그룹으로 묶어 줍니다.

180

| STEP 02 | **투표기 신호 약속하기**

투표기로 자신의 의견을 표현할 때 〈버튼 A〉를 누르면 찬성, 〈버튼 B〉를 누르면 반대라고 약속하려 합니다. 사람은 찬성과 반대라는 글자로 쉽게 약속을 정할 수 있지만, 컴퓨터는 글자보다는 숫자로 약속하는 것을 더 좋아합니다. 그래서 우리는 〈버튼 A〉를 누르면 찬성이라는 의미로 숫자 '1'을, 〈버튼 B〉를 누르면 반대라는 의미로 숫자 '2'를 라디오 신호로 전송합니다.

 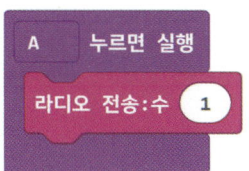 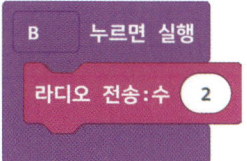

| STEP 03 | **투표기에 선택 결과 표시하기**

투표기로 자신의 의견을 선택했을 때 투표가 제대로 완료되었는지 확인하기 위해서 투표 결과를 LED에 표현해 줍시다. 그래서 (라디오 전송 : 수 □) 블록 아래에 (문자열 출력 □) 블록을 추가하고 〈버튼 A〉를 누를 때는 'YES', 〈버튼 B〉를 누를 때는 'NO'라고 LED에 표시합니다.

  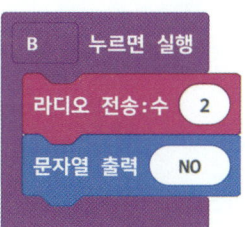

 개표기 만들기

STEP 01 ▸ **개표기에 사용할 변수 만들기**

투표기에서 보낸 값들은 개표기에 미리 변수를 만들어 저장해야 합니다. 찬성과 반대 의견을 모으기 위해서 찬성은 변수 'YES'를, 반대는 변수 'NO'를 만듭니다.

STEP 02 ▸ **개표기 실행 준비하기**

투표가 진행되기 전에 개표기는 투표 결과를 수신할 준비를 해야 합니다. 이를 위해 개표기에서 〈버튼 A〉가 눌렸을 때 변수 'YES'와 'NO'에는 모두 '0'이 저장되도록 합니다.

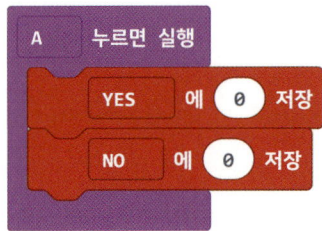

그리고 〔문자열 출력 □〕, 〔수 출력 □〕, 〔아이콘 출력 □〕 블록 등을 이용하여 준비 상태를 표시합니다.

| STEP 03 | 투표 결과 자동으로 계산하기

우리는 투표기를 만들 때 찬성을 숫자 '1'로 반대를 숫자 '2'로 약속했습니다. 개표기는 투표기에서 전송된 신호를 받으면 먼저 보내진 신호가 찬성을 뜻하는지 반대를 뜻하는지를 확인해야 합니다. 전송된 신호를 확인하기 위해서는 〔만약(if) □ 이면(then) 실행〕 블록과 🔀 논리 블록 꾸러미의 비교 연산자 '='를 함께 사용합니다. 투표기에서 전송된 숫자는 자동으로 개표기의 변수 'receivedNumber'에 저장되는데, 'receivedNumber'가 '1'이면 변수 'YES' 값을 1 증가시키고, '2'이면 변수 'NO' 값을 1 증가시킵니다.

| STEP 04 | 투표 결과 확인하기

투표가 모두 끝나면 개표기에서 투표 결과를 확인합니다. 〈버튼 B〉를 클릭했을 때 투표 결과가 LED 스크린에 표시되도록 합시다.

프로젝트 돌아보기

정리하기

▶ 답안 도우미에 LED 스크린에 O와 X를 출력하기 위해 사용하는 블록은 무엇인가요?

▶ 서로 다른 2개의 변숫값을 비교하기 위해 사용하는 블록은 무엇인가요?

▶ 투표기에서 보낸 값들을 개표기가 받아 저장하기 위해 개표기에서 미리 만들어야 하는 것은 무엇인가요?

프로젝트 주요 블록

LED 스크린에 원하는 모양을 출력합니다. 이 블록을 사용해 프로그래밍하는 경우 다음 명령이 실행될 때까지 기다리는 시간은 0.4초(400 밀리세컨드)로 자동 설정됩니다.

아이콘 출력

40개의 아이콘 중 원하는 아이콘을 선택하여 LED 스크린에 출력합니다. 이 블록을 사용해 프로그래밍하는 경우 다음 명령이 실행될 때까지 기다리는 시간은 0.4초(400 밀리세컨드)로 자동 설정됩니다.

receivedNumber

마이크로비트가 라디오를 통해 정수를 수신할 때 사용하는 [라디오 수신하면 실행 receivedNumber] 블록을 사용하면 자동으로 생성되는 변수입니다.